AF364950

Fútbol:
LAS TRANSICIONES

Concepto y 50 tareas para su entrenamiento

Manuel Jesús Crespo García

ÍNDICE

INTRODUCCIÓN

En la iniciación al mundo del entrenamiento es muy usual intentar encontrar una receta o una fórmula que resuelva nuestras necesidades y que cubra las posibles lagunas que tengamos en nuestro conocimiento o en nuestra capacidad.

La complejidad y diversidad del juego hacen que haya que tener un conocimiento del mismo para su enseñanza y para su aprendizaje en algunos casos.

El fútbol está evolucionando y van apareciendo nuevos conceptos con diversidad de interpretaciones atendiendo a las distintas corrientes a las que seamos más afines. No obstante, creo que todo se puede adaptar y se le puede sacar rendimiento siempre que tenga una buena argumentación y no nos dejemos atraer por dogmas.

Este libro con tareas no pretende ser una respuesta matemática a las necesidades que pueda tener un entrenador para encontrar soluciones a los problemas que se le planteen. La intención es poder manejar recursos, adaptarlos a nuestra realidad de entrenamientos y que puedan introducirnos y orientarnos a conseguir en el entrenamiento los objetivos pretendidos.

He reducido el uso de material para simplificar y poder llegar a cualquier nivel de recursos y que puedan ser llevadas a cabo en cualquier realidad, sin necesidad de unos materiales que dificulten su realización.

Existen distintos tipos de tareas para la mejora del dominio colectivo de cualquier medio que queramos que nuestro equipo maneje durante el desarrollo de los partidos. Atendiendo a la metodología empleada, la duración, los espacios, el número de jugadores... pueden variar para satisfacer nuestro modelo de juego.

A continuación, desarrollaré distintas tareas desde las más simples a las de mayor complejidad para poder trabajar las transiciones ofensivas y defensivas dentro de la misma tarea y que puedan formar parte de distintos modelos de juego ya que, atendiendo a las pretensiones de cada entrenador y a la metodología a emplear, cada uno debe introducirlas donde considere oportuno. Estas tareas carecen de un contexto y de una estrategia operativa, para los cuales necesitarán adaptación por parte del entrenador a todas las variables que crea que pueden tener incidencia en el desarrollo del juego de su equipo y a las características del mismo.

Todas las tareas propuestas carecerán de un contexto propio, del rival, la competición y la situación para el desarrollo de la estrategia operativa y el modelo de juego.

Castellano y Casamichana (2016) proponen este cuadro para la clasificación de las tareas según los metros cuadrados por jugador y a las demandas a las que serán exigidas los jugadores:

m^2 / jugador	1<2	3<4	5<7	8<10
<50	Fuerza		Recuperación	
<100	Fuerza		Recuperación	
<200	Frecuencia cardíaca		Velocidad	
>200	Frecuencia cardíaca		Velocidad	

En este libro se indicarán el número de jugadores y la división y distribución de los espacios. No obstante, para que la tarea se adapte a cada equipo, estado físico de los jugadores, modelo de juego y metodología, cada entrenador la deberá adaptar en cuanto a metros las distancias, los espacios e incluso en número de jugadores en algunos casos para tener un mejor desarrollo con su equipo.

Las tareas no tendrán límites de toques, contactos o golpeos para conseguir nuestro objetivo, ya que habrá jugadores que necesiten o decidan utilizar un número mayor por necesidades del juego, por condiciones técnicas o por condicionantes físicos de desarrollo. No obstante, al ser tareas abiertas, el entrenador podrá condicionarlas si lo cree necesario u oportuno para conseguir los beneficios pretendidos conociendo la realidad a la que las va a exponer.

CONCEPTO DE LAS TRANSICIONES EN FÚTBOL

"El juego es una unidad indivisible, no hay momento defensivo sin momento ofensivo. Ambos constituyen una unidad funcional"
Juanma Lillo

Por cada fase que pueda pasar el juego condicionará lo que vaya a pasar después. Es importante todo lo que va pasando durante un partido para lo que acontece después.

La "historia" del juego condicionará el presente, lo que está pasando, y nos preparará para el futuro, lo que va a pasar.

En 2011, Claudio Alberto Casal realizó un *estudio descriptivo de las transiciones ofensivas*, del que se puede extraer como conclusiones:

- *"Las transiciones ofensivas se inician en la zona medio defensiva"*. Por lo que los equipos perderán mayor número de balones en esa zona. Sería una zona ideal para reproducir las tareas y que obtengan mayor beneficio, por acercarse más a la realidad competitiva (ofensivas o defensivas).

- *"La mayor parte de las ocasiones las transiciones son iniciadas por la línea defensiva"*. Dato importante a tener en cuenta para la especificidad en el puesto o la especificidad de las tareas.

- *"Los periodos de tiempo en los que se producen un mayor cambio de posesión son los primeros 15 minutos de los dos periodos de juego y al final del encuentro"*. Preparar a nuestros equipos sabiendo esto para la estrategia de partido. Será un dato importante a tener en cuenta para la toma de decisiones desde el banquillo.

- *"Para que tengan un alto porcentaje de éxito, debemos construirlas con la participación de tres o menos jugadores, que deben realizar una progresión rápida hacia la portería rival, utilizando para ello no más de tres pases"*. Podremos condicionar las tareas para conseguir que se lleven a cabo teniendo en cuenta estos parámetros.

- *"Las transiciones ofensivas son finalizadas, en gran medida, por medio de la línea media o adelantada del equipo, teniendo ante sí a la línea retrasada y media del equipo adversario".*

- *"También es importante tener en consideración que las transiciones ofensivas se reproducen mayoritariamente ante un equipo organizado defensivamente y para obtener una situación diferente tenemos que provocar que el equipo recupere la posesión del balón e inicie la transición ofensiva en la zona más cercana a la portería rival, lo que hará aumentar las probabilidades de finalizar con éxito este tipo de situaciones."*

Estos datos nos permiten conocer la realidad del juego para el que preparamos a nuestros equipos. Por tanto, serán de gran ayuda para el diseño y desarrollo de nuestras tareas de entrenamiento y de nuestra estrategia de partido para conseguir nuestros objetivos.

En las distintas interpretaciones del juego los autores nombran las fases o momentos de diferentes formas. De manera objetiva y sin ánimo de complicar la definición, estos son los momentos por lo que pasa el juego desde la perspectiva de un equipo y con el balón cómo protagonista:

Mi equipo tiene el balón:

- Lo puedo tener porque tenga que realizar el saque de inicio
- Puede estar detenido y lo pone en juego mi equipo.
- Mi equipo recupera el balón.
  - Puede ser un por un robo (se lo ha quitado mi equipo al rival).
  - Porque lo haya entregado el rival.
  - Porque salió fuera del terreno de juego tocado en último lugar por el otro equipo
  - Porque el rival cometió una infracción (teniendo el balón).
  - Porque se le marche al rival el balón del terreno de juego.

Mi equipo no tiene el balón:

- Puede estar dividido el balón (ejemplo de un despeje del rival, un mal pase del rival, un balón a tierra, …)
- Puede estar detenido el juego y lo pone en juego el rival.
- Pierdo el balón.
    - Puede ser por un robo (se lo ha quitado el rival a mi equipo).
    - Porque lo haya entregado mi equipo al rival.
    - Porque mi equipo cometió una infracción (teniendo el balón)
    - Porque se le marche a mi equipo el balón del terreno de juego.
    - Puede estar dividido por una acción previa de mi equipo.

Hablo de momentos o situaciones porque se producen cambios en los equipos ante ellos, no me gusta considerarlos fases porque estaríamos diseccionando el juego y sólo estoy enumerando por las circunstancias que pasa el balón con respecto a mi equipo. Es una forma de analizarlo de manera objetiva y nos puede servir para organizar nuestro modelo de juego ante ellos.

A partir de todo lo que puede pasar en un partido de futbol podemos organizar el juego de nuestro equipo, y si somos dominadores o controlamos todas estas "circunstancias" estaremos más cerca de poder ganar un partido (daremos sentido a parte de nuestro trabajo).

El juego es no es cíclico. La sucesión de los distintos "momentos" no es siempre la misma. Puedo tener el balón; no tenerlo y tenerlo el rival; tenerlo de nuevo; no tenerlo y que tampoco lo tenga el rival; tenerlo; tenerlo el rival, … Esta secuenciación del juego no tiene porqué ser siempre la misma, podemos pasar de un momento a otro por circunstancias del partido o porque un suceso nos lleve a otro.

Para el desarrollo de nuestro modelo de juego con el equipo durante los partidos, son importantes las transiciones, por que los equipos se manejarán de manera interna con las intenciones y los análisis llevan un alto grado de interpretación de lo que estamos viendo, pero para el desarrollo del juego en si, no. De nuevo hemos vuelto a etiquetar el juego y diseccionarlo para entenderlo (nosotros, los entrenadores).

Tamarit, X. (2007) nos habla de cuatro fases del juego en fútbol: *"ataque, defensa, transición ataque defensa y defensa ataque"*.

La Real Academia de la lengua Española define la transición como *"acción y efecto de pasar de modo de ser o estar a otro distinto"*, ofensiva como *"que ataca o sirve para atacar"* y defensiva como *"que sirve para defender o proteger "*.

Cuando hablamos de transición, según González, A. en su libro: Fútbol. Dinámica del juego desde la perspectiva de las transiciones en 2013, *"es el momento de cambio de posesión del balón, a veces mas duradero y otras veces mas instantáneo"*.

Las transiciones, entiendo que no son una fase del juego o un momento, se puede decir que es como pasamos de una fase a otra, es un proceso interno de cada equipo. Es lo que hace mi equipo para asegurarse poder hacer los movimientos, usar los medios o los principios con balón y sin balón.

Por lo tanto, la transición ofensiva es como me preparo para atacar cuando recupero el balón y la transición defensiva es cómo me preparo para defender cuando pierdo el balón. Las actitudes o comportamientos que tome un equipo cuando recupere o pierda el balón.

Objetivos alcanzables en el juego con un buen manejo de las transiciones como equipo:

- Asegurar la posesión de balón una vez recuperado y recuperar rápido ante la pérdida o "como queramos recuperarlo" (plan establecido).

- Imponer el ritmo de juego.

- Explotar los espacios que haya dejado el rival cuando estaba en posesión del balón y que no explote los nuestros cuando lo perdamos.

- Contraatacar y evitar el contraataque.

- Replegar o evitar el repliegue.

- Obligar al equipo contrario a estar tenso durante el juego. Someterlo a estrés.

- Llevar el juego a situaciones ventajosas.

En las tareas, los estímulos e indicadores para poner en marcha los mecanismos de nuestro equipo en las transiciones, serán estímulos propios del juego para identificar con claridad el momento de poder ponerlos en marcha y que los jugadores puedan reconocer lo que está pasando y reaccionar. Realizar la transición después de un estímulo auditivo (voz del entrenador, silbato...) no será de ayuda para el aprendizaje. Por lo tanto, tiene que haber una recuperación o una pérdida por parte de los equipos o jugadores.

SIMBOLOGÍA

Jugadores Equipo A	○
Jugadores Equipo B	●
Jugadores Equipo C	◉
Desplazamiento sin balón	
Control orientado	
Desplazamiento del balón	
Conducción del balón	
Desplazamiento del balón por alto	
Tiro a puerta	
Balón	

LAS TRANSICIONES
EN FÚTBOL

50
TAREAS PARA SU
ENTRENAMIENTO

Tarea N° 1	Objetivo Principal	Mejora de las transiciones
	Jugadores	4 (2x1+1)

Explicación

Los jugadores distribuidos como en la imagen. Juegan 2x1 en cada cuadrado. El jugador que roba juega con el jugador que está fuera y este entra a mantener el balón con e que robó dentro del cuadrado con su compañero y el jugador que perdió el balón sale a esperar que recupere el balón su compañero. El equipo que pierde tiene que presionar rápido para que no juegue con el de fuera el que robó.

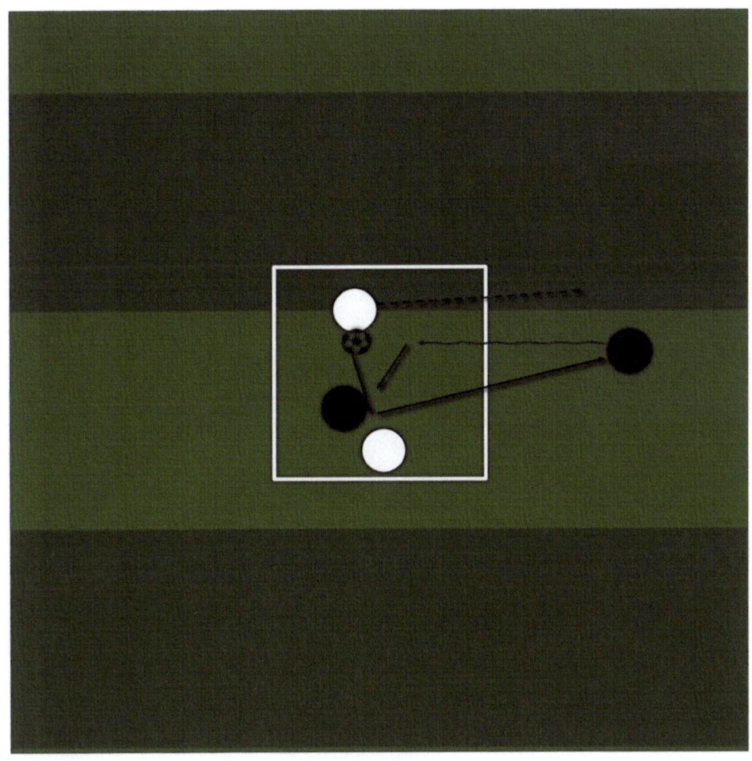

Tarea N° 2	Objetivo Principal	Mejora de las transiciones
	Jugadores	4 (P+2x1)

Explicación

Los jugadores situados como en la imagen. Se pasan la pelota los 2 jugadores del equipo negro y el jugador del equipo blanco decidirá cuando interceptar un pase para ir a lanzar a portería. Cuando lo haga el jugador del equipo negro presionará para que no tire y si recupera pasará a su compañero del rectángulo para seguir pasando y el jugador del equipo blanco tendrá que volver a interceptar o presionar antes que le pase para tirar a portería.

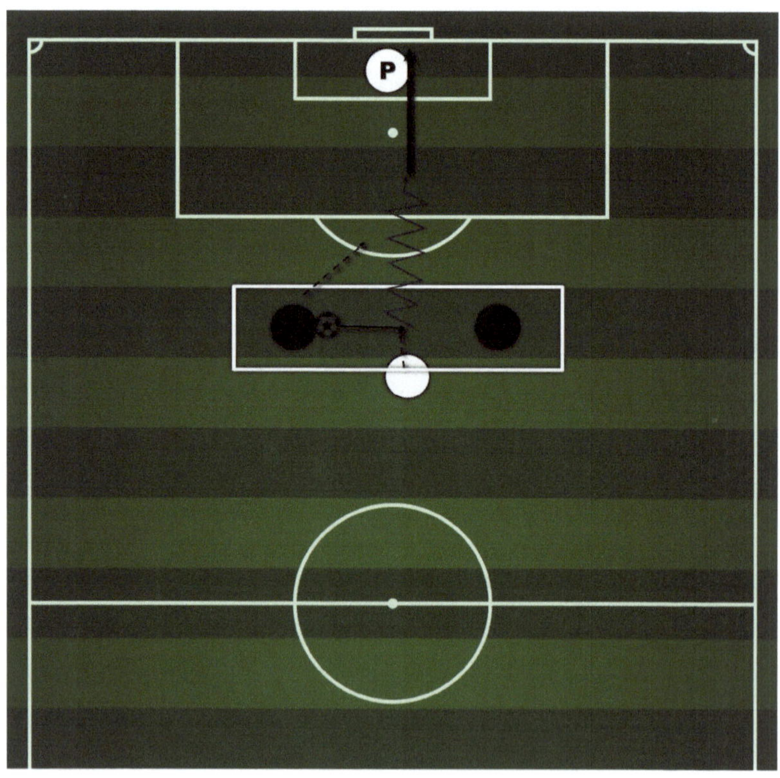

Tarea N° 3	Objetivo Principal	Mejora de las transiciones
	Jugadores	5 (P+2x2)

Explicación

Los jugadores situados como en la imagen. El equipo negro intenta mantener la posesión dentro del cuadrado y el equipo blanco intentará robar para atacar la portería. Cuando lo pierdan el balón el equipo negro intentará recuperar rápido para poder jugar en el cuadrado y el equipo blanco tirar a portería.

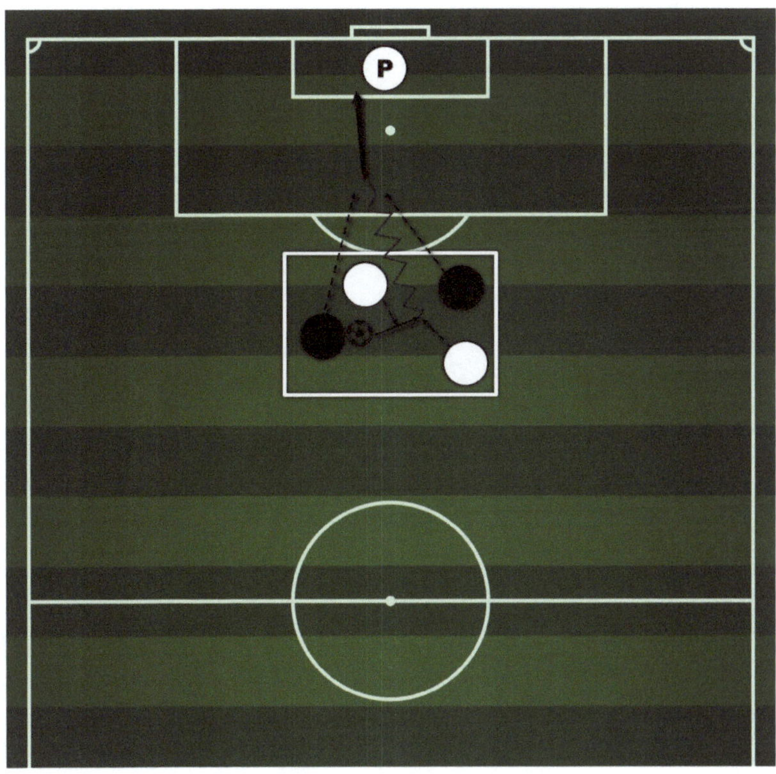

Tarea Nº 4	Objetivo Principal	Mejora de las transiciones
	Jugadores	4 (P+2x2+P)

Explicación

Los jugadores situados como en la imagen. Se pasan el balón los 2 jugadores del equipo negro y los jugadores del equipo blanco decidirán cuando y quien cortar un pase para ir a lanzar a una portería u otra. Cuando lo hagan los jugadores del equipo negro presionarán el tiro. Si lograran recuperar, intentarán hacer gol en la otra portería y los blancos intentarían robar de nuevo.

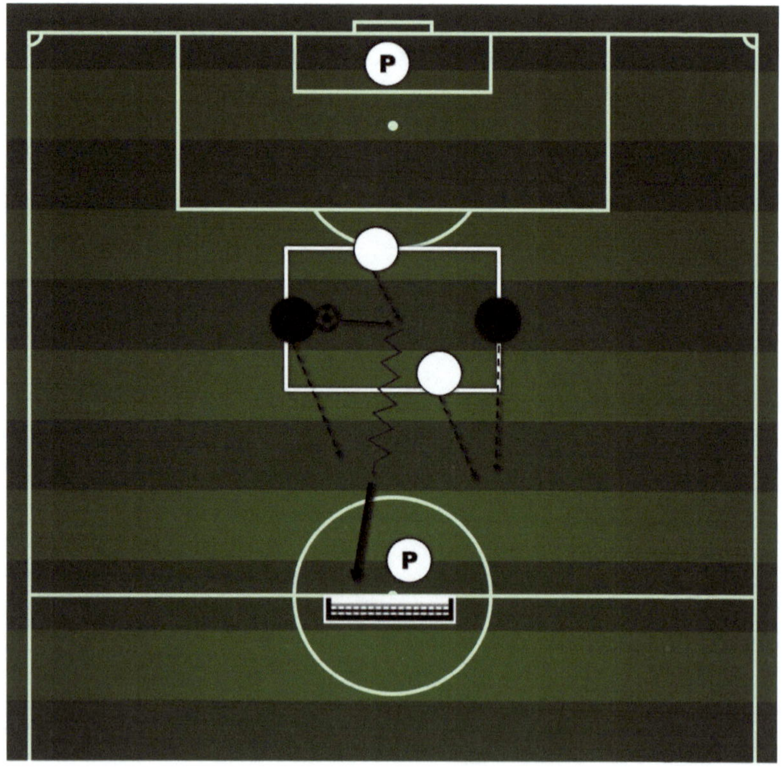

Tarea N° 5	Objetivo Principal	Mejora de las transiciones
	Jugadores	5 (P+2x1+1)

Explicación

Los jugadores distribuidos como en la imagen. El jugador del equipo negro tendrá el balón, cuando pierde el balón presiona y el compañero que esté en la línea presiona o intercepta el pase del jugador blanco a su compañero para que siga manteniendo la posesión el jugador del equipo negro y el equipo blanco no pueda atacar. Si el jugador blanco roba y logra jugar con el compañero que está fuera, atacan la portería y el equipo negro intentará robar.

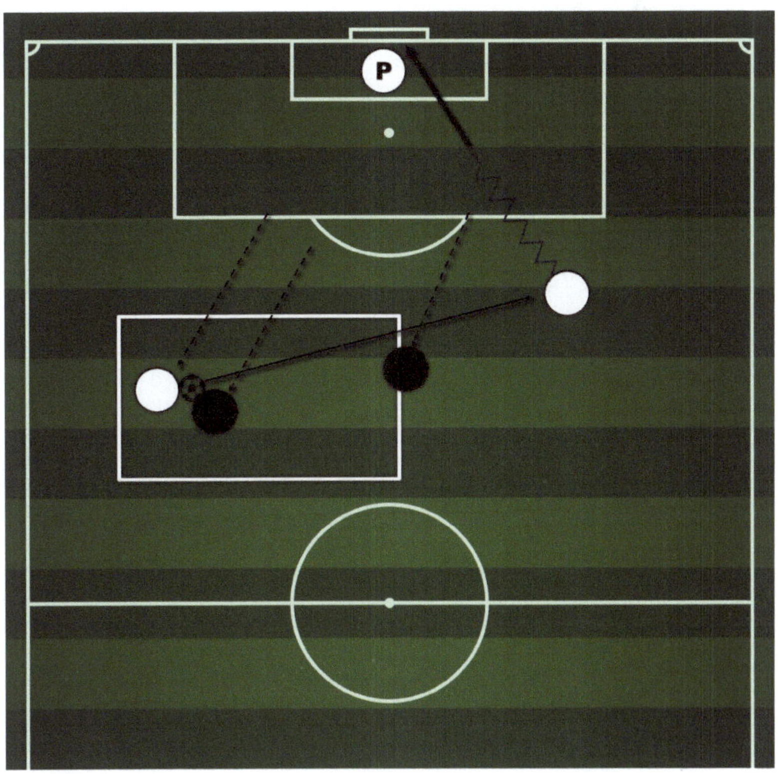

Tarea N° 6	Objetivo Principal	Mejora de las transiciones
	Jugadores	7 (3x3+P)

Explicación

Los jugadores se distribuyen como en la imagen (dos del equipo negro en los vértices más cercanos a la portería). El equipo negro cuando pierde presionará para que el equipo blanco no pueda atacar rápido hacia la portería y seguir manteniendo el balón en el rectángulo. El equipo blanco intentará atacar la portería. Si recupera el balón el equipo negro, el equipo blanco presionará para que no se lo lleven al rectángulo.

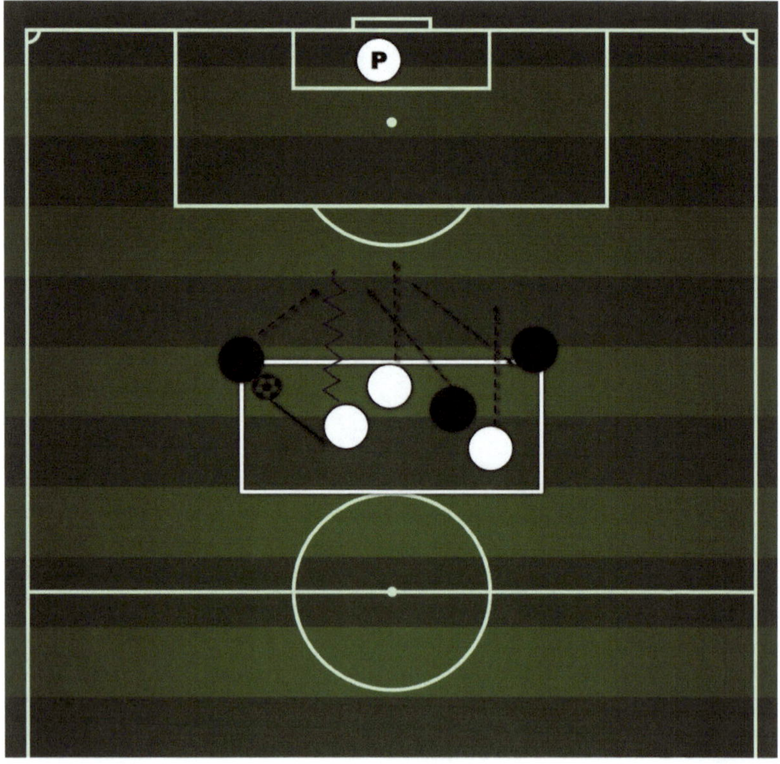

Tarea N° 7	Objetivo Principal	Mejora de las transiciones
	Jugadores	(P+1+1x1+1)

Explicación

Un jugador tiene el balón (negro) y el otro se lo roba (blanco) e intenta jugar con el compañero que está adelantado para ataca rápido a portería en situación de dos contra dos. El equipo negro presionará cuando pierda y si recupera vuelve al rectángulo a mantener la posesión de balón presionado por el equipo blanco.

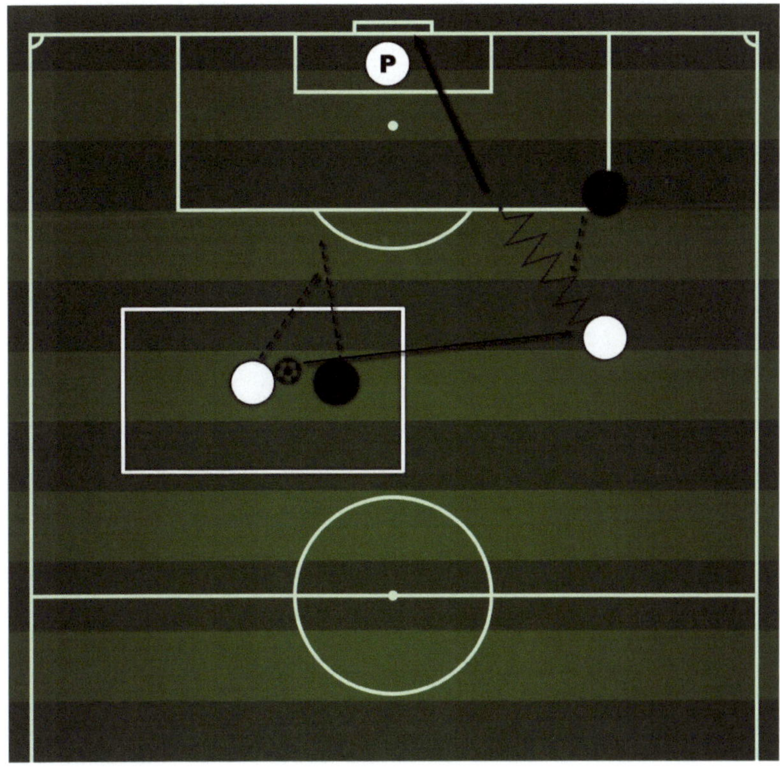

Tarea N° 8	Objetivo Principal	Mejora de las transiciones
	Jugadores	18

Explicación

Dentro de rectángulo un equipo tiene el balón y otro intenta robarlo, cuando un equipo recupera el balón tiene que meter cada jugador sin balón en un cuadrado pequeño y el que perdió presionar al que lo robó para recuperar antes de que se ocupen todos los cuadrados pequeños. El que recuperó intentará mantener pasando el balón mientras ocupa los cuadrados. Si pierden el balón volverán a presionar para recuperar.

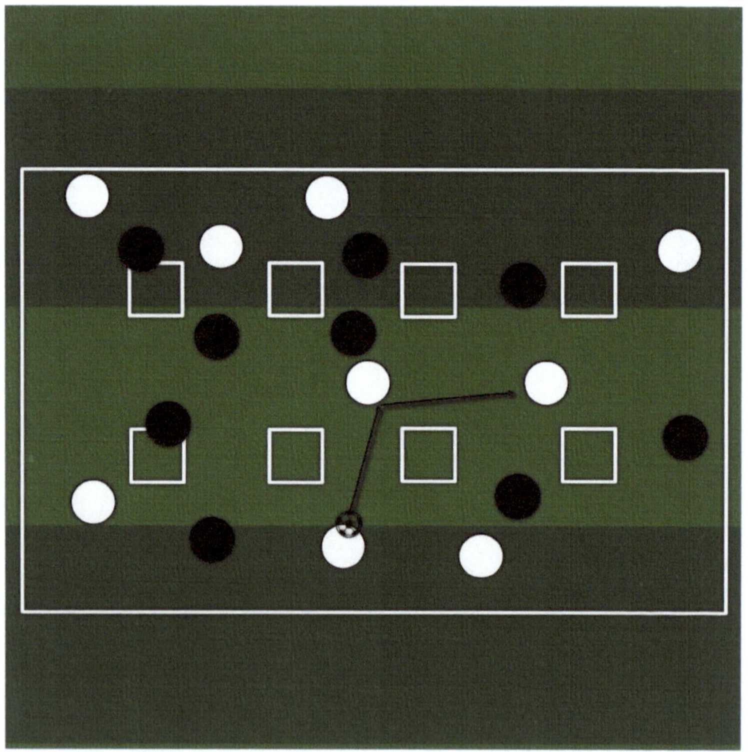

Tarea N° 9	Objetivo Principal	Mejora de las transiciones
	Jugadores	20

Explicación

En un rectángulo dividido en 8 partes iguales distribuidos los comodines como en la imagen sobre las líneas. El equipo que tiene el balón tendrá un jugador en cada cuadrado, el que roba se moverá libre y cuando recupera juega con los comodines para ocupar cada uno un cuadrado y el equipo que perdió pasa a tener libertad para moverse por los cuadrados para recuperar. Los comodines participarán siempre con el poseedor de balón.

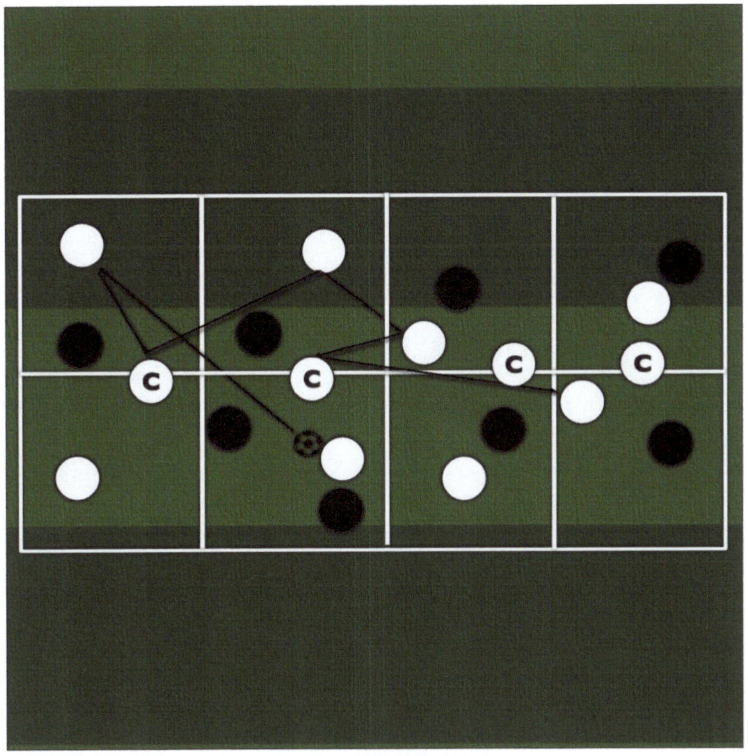

Tarea N° 10	**Objetivo Principal**	Mejora de las transiciones
	Jugadores	18

Explicación

En la disposición de la imagen, El jugador que roba balón tiene que llevárselo al cuadrado donde están manteniendo el balón los jugadores de su equipo. Al jugador que le roban el balón va al otro cuadrado a presionar e intentar robar otro para traérselo a su cuadrado. Si el balón no ha salido podrá recuperarlo antes de que lo saquen para llevárselo al otro cuadrado.

Tarea N° 11	Objetivo Principal	Mejora de la transiciones
	Jugadores	10 (5x5)

Explicación

Jugarán 5 contra 5 en un cuadrado. Cuando un equipo recupera el balón, el equipo que perdió presionará rápido para recuperar el balón y el que recuperó intentará mantener la posesión.

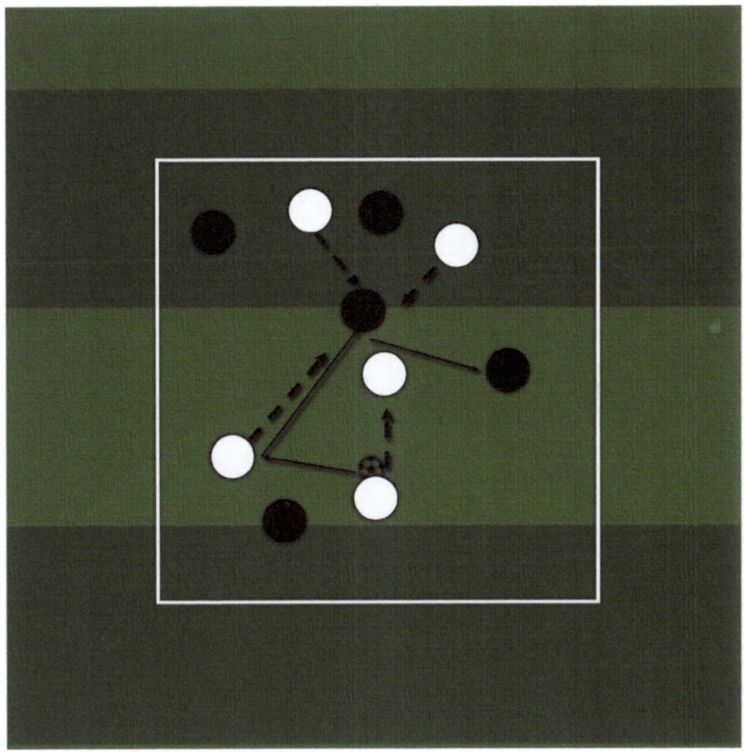

Tarea N° 12	Objetivo Principal	Mejora de las transiciones
	Jugadores	10 (4x4+2)

Explicación

Los jugadores distribuidos como en la imagen. El equipo blanco tiene el balón con los comodines. El equipo negro cuando roba, tiene que jugar rápido con algún comodín para colocarse en la zona de los ángulos   y el equipo blanco presionará para recuperar, volver a su rol y a sus posiciones.

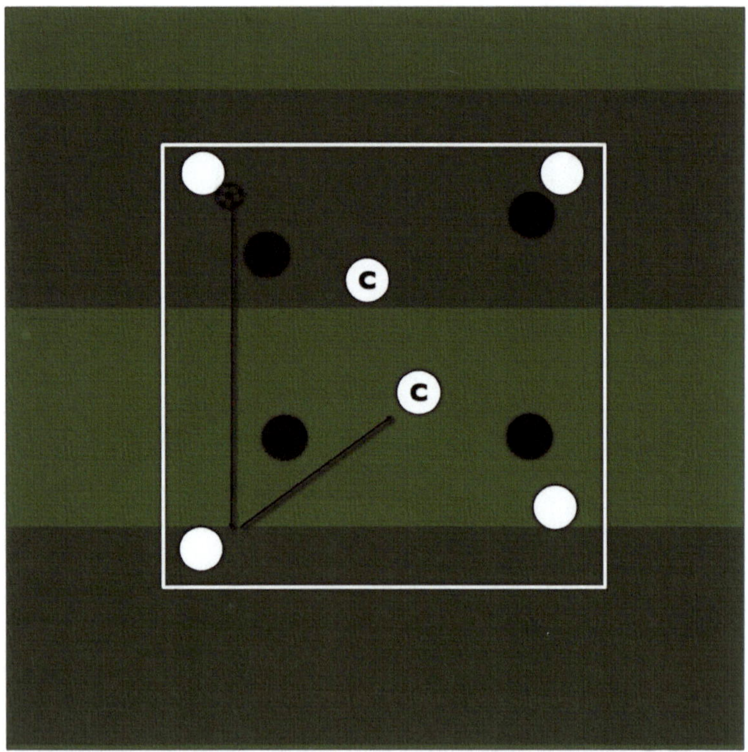

Tarea N° 13	Objetivo Principal	Mejora de las transiciones
	Jugadores	12 (4x4+4)

Explicación

Los jugadores distribuidos como en la imagen. El equipo blanco tiene el balón. El equipo negro intenta recuperar para jugar rápido con el tercer equipo que está por fuera del cuadrado. Cuando juega con él, el equipo negro sale fuera y espera que el equipo blanco robe, jueguen con ellos para entrar con la posesión de balón y cambiar el rol. Cada vez que un equipo pierde el balón presionará para que no jueguen con el equipo de fuera, si recupera antes seguirá manteniendo la posesión del balón.

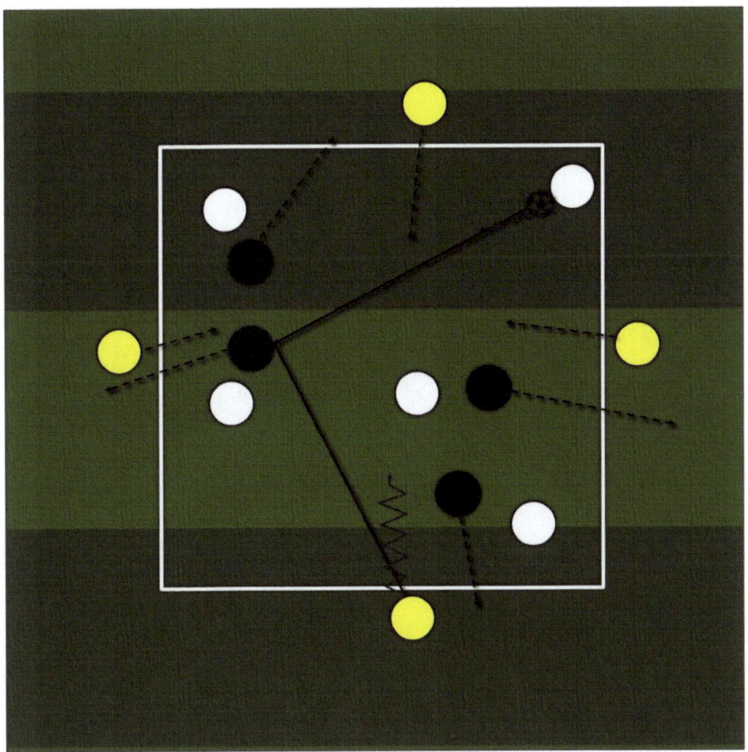

Tarea N° 14	Objetivo Principal	Mejora de la transiciones
	Jugadores	14 (7x7)

Explicación

El equipo poseedor (blanco) intenta mantener la posesión de balón en la superficie del cuadrado, el equipo que no tiene balón (negro) tiene que robar el balón y cuando lo hace, el equipo que perdió presionará para recuperar el balón antes de que todos los jugadores del equipo que que lo robó abandonen el cuadrado.

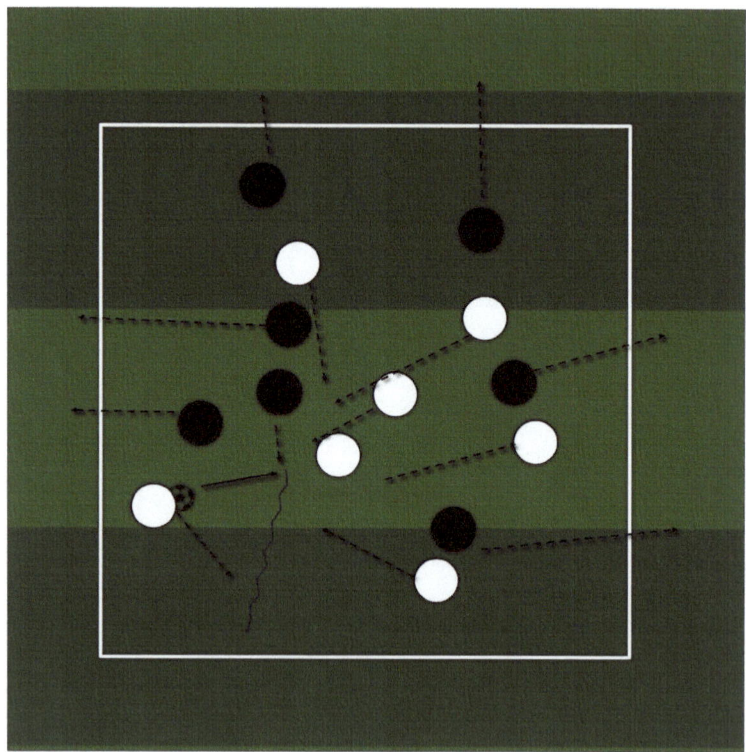

Tarea N° 15	Objetivo Principal	Mejora de las transiciones
	Jugadores	10 (5x5)

Explicación

Los jugadores del equipo blanco se distribuyen 4 en las zonas de los laterales del cuadrado y uno por centro del cuadrado y se pasan el balón, el equipo negro intenta robar pudiéndose mover con libertad por el cuadrado. Cuando pierde el balón el equipo blanco presiona e intenta recupera para volver a sus posiciones y cuando recupera el equipo negro se abre y se colocan cada uno en la zona de un lado y uno por el centro para mantener el balón.

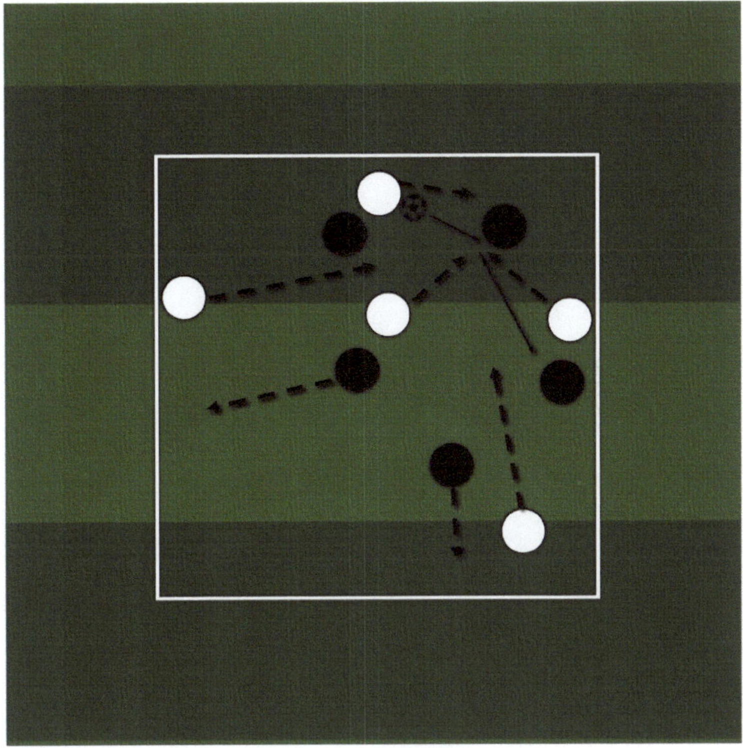

Ejercicio N° 16	Objetivo Principal	Mejora de las transiciones
	Jugadores	10 (5x5)

Explicación

El equipo poseedor (blanco) intenta mantener la posesión de balón en la superficie del cuadrado mayor sin usar la del cuadrado mas pequeño, el equipo que no tiene balón (negro) tiene que robar el balón y cuando lo hace, el equipo que perdió intentará que no se meta en el cuadrado del centro presionando rápido, si lo hace tendrán que entrar todos los jugadores en el cuadrado pequeño, los del equipo negro para mantener y los del equipo blanco para robar y sacarlo al mayor.

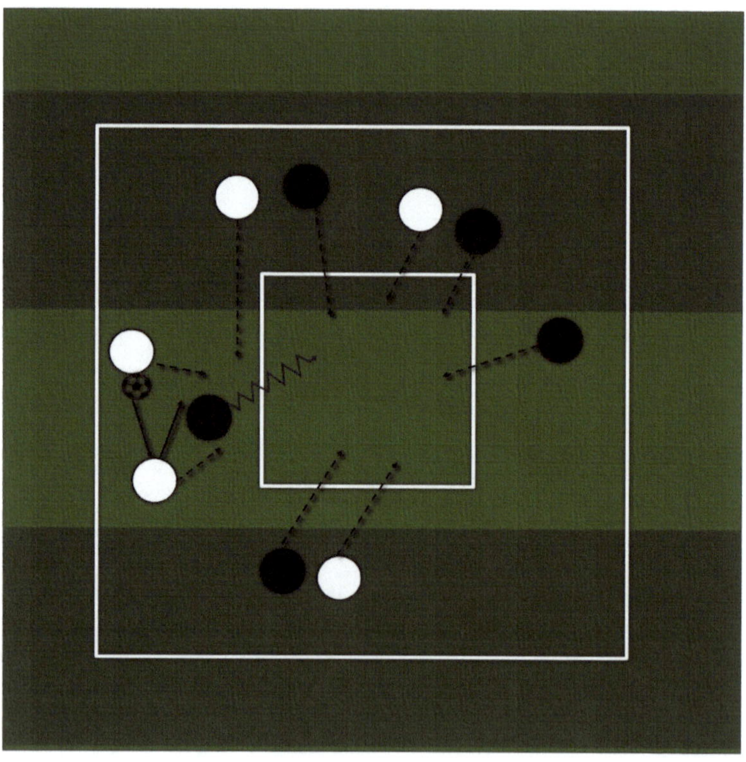

Tarea N° 17	Objetivo Principal	Mejora de las transiciones
	Jugadores	14 (7x7)

Explicación

El equipo poseedor (blanco) intenta mantener la posesión de balón en la superficie del cuadrado mayor, el equipo que no tiene balón (negro) tiene que robar el balón y cuando lo hace salir rápido con el balón controlado del cuadrado grande. El equipo blanco, cuando pierde tendrá meterse en el cuadrado pequeño antes de que el equipo negro saque el balón.

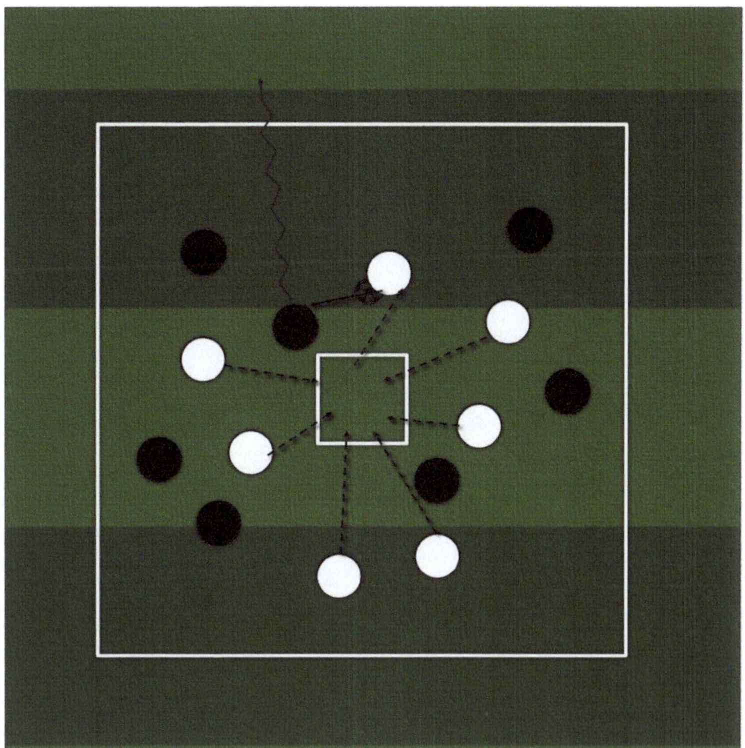

Tarea N° 18	Objetivo Principal	Mejora de las transiciones
	Jugadores	14 (7x7)

Explicación

El equipo poseedor (blanco) intenta mantener la posesión de balón en la superficie del cuadrado mayor, el equipo que no tiene balón (negro) tiene que robar el balón y cuando lo hace meterse en el cuadrado pequeño con el balón controlado. El equipo blanco, cuando pierde tendrán que presionar dos jugadores para que no puedan meterse en el cuadrado pequeño y los otros 5 salir del cuadrado grande antes que lo hagan.

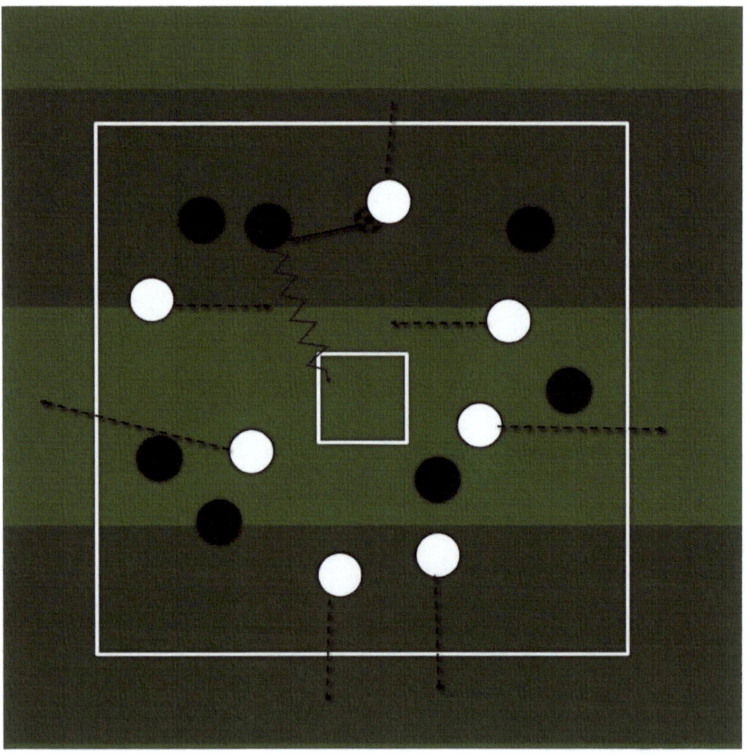

Tarea N° 19	Objetivo Principal	Mejora de las transiciones
	Jugadores	11 (5x5+1)

Explicación

Los equipos situados como en la imagen. El equipo que está por dentro, cuando recupere el balón pasará al comodín del cuadrado y cambiara el rol con el equipo que esta por fuera. El equipo que estaba por fuera, entrará rápido a presionar en caso de pérdida, si recupera y juega con el comodín antes que el equipo que robó, ocupará de nuevo sus posiciones para seguir teniendo el balón.

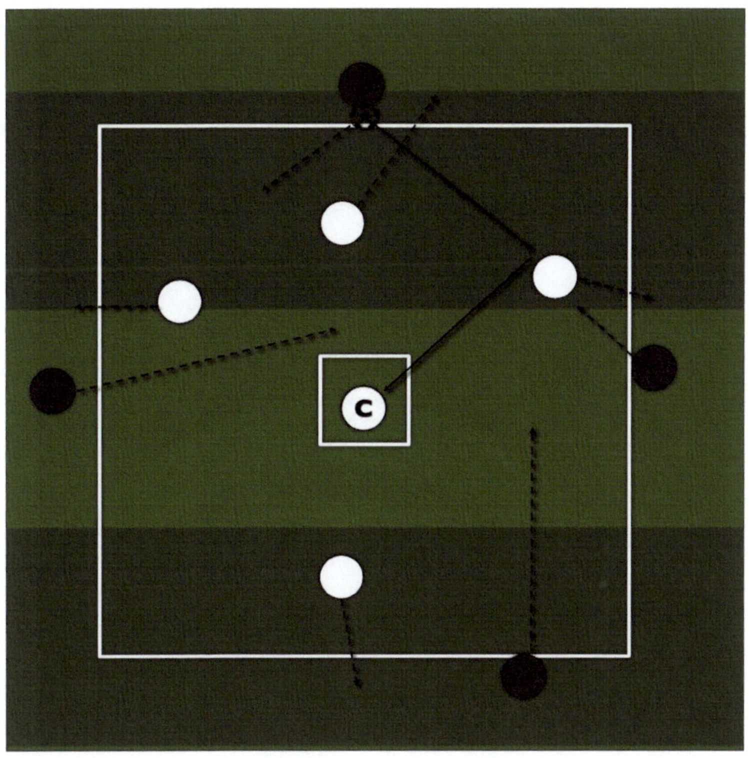

Tarea N° 20	Objetivo Principal	Mejora de las transiciones
	Jugadores	12 (2+4x4+2)

Explicación

Los jugadores distribuidos como en la imagen. El equipo blanco tiene el balón con todos sus jugadores por dentro. El equipo negro cuando roba, tiene que jugar rápido con algún jugador de los que esta fuera, para que entren, cambiar el rol con el equipo blanco y saldrán dos jugadores del equipo blanco a esperar que recuperen. El equipo blanco presionará cuando pierda para seguir manteniendo el balón o jugar con sus jugadores de fuera si ya recibieron los de fuera del equipo negro.

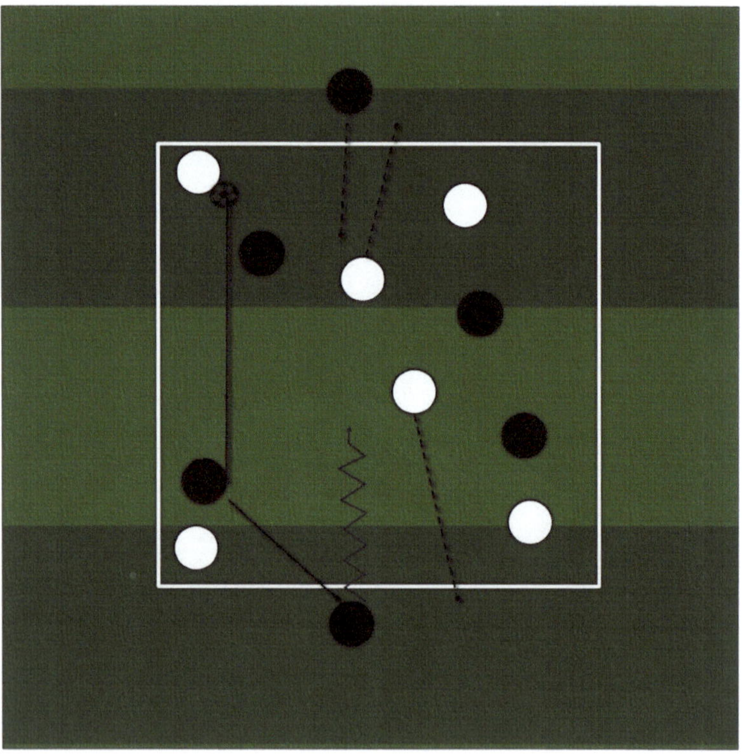

Tarea N° 21	Objetivo Principal	Mejora de las transiciones
	Jugadores	17 (8x8+C)

Explicación

En un rectángulo dividido en dos cuadrados, con un pasillo central, el comodín se sitúa en el pasillo y los equipos se reparten 4 contra 4 en cada cuadrado. Cada vez que un equipo recupera, tiene que pasar a sus compañeros de la otra mitad. El comodín intentará interceptar los pases para que el balón no salga de la mitad en la que se está jugando y el equipo que perdió presionará para que no salga del cuadrado el balón.

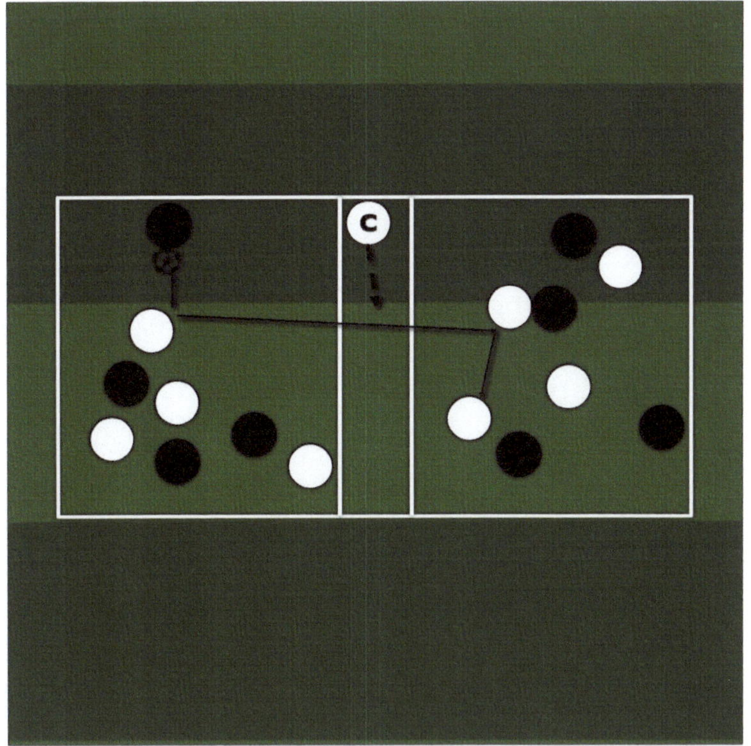

Tarea N° 22	Objetivo Principal	Mejora de las transiciones
	Jugadores	8 (4x4)

Explicación

En un rectángulo dividido en dos cuadrados, los jugadores se colocan en la disposición de la imagen. El equipo que no tiene el balón (negro) intenta quitar el balón y llevárselo a la otra mitad para mantener allí el balón. El otro equipo (blanco) cuando pierde el balón presionará para recuperar rápido, que no puedan irse al otro cuadrado y mantener la posesión el mismo cuadrado.

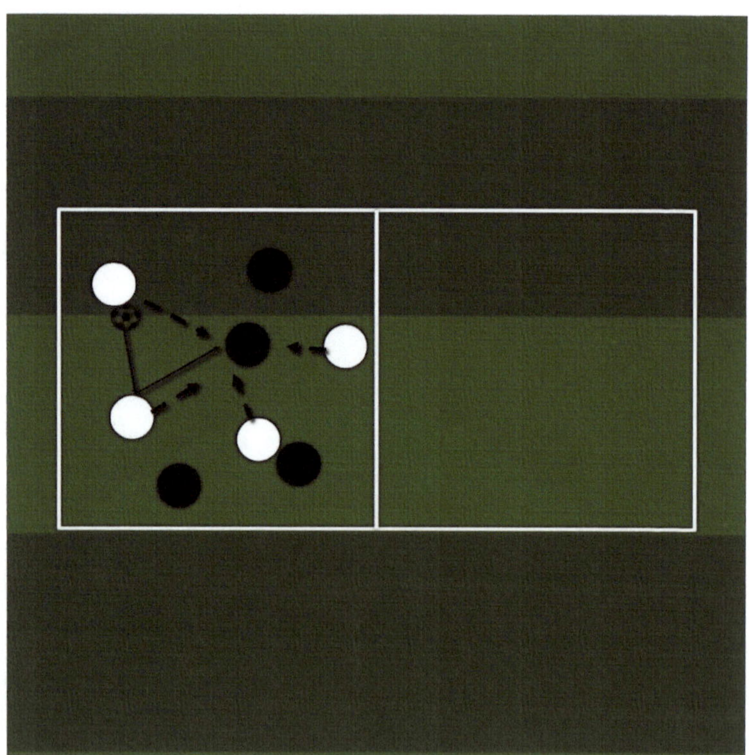

Tarea N° 23	Objetivo Principal	Mejora de las transiciones
	Jugadores	9 (2+2x2+C+2)

Explicación

En un rectángulo dividido en dos cuadrados y los jugadores distribuidos como en la imagen. el comodín participará con el que recupera el balón para llevarlo al otro cuadrado, una vez que el balón este allí, pasará a formar parte del otro equipo para recuperar.

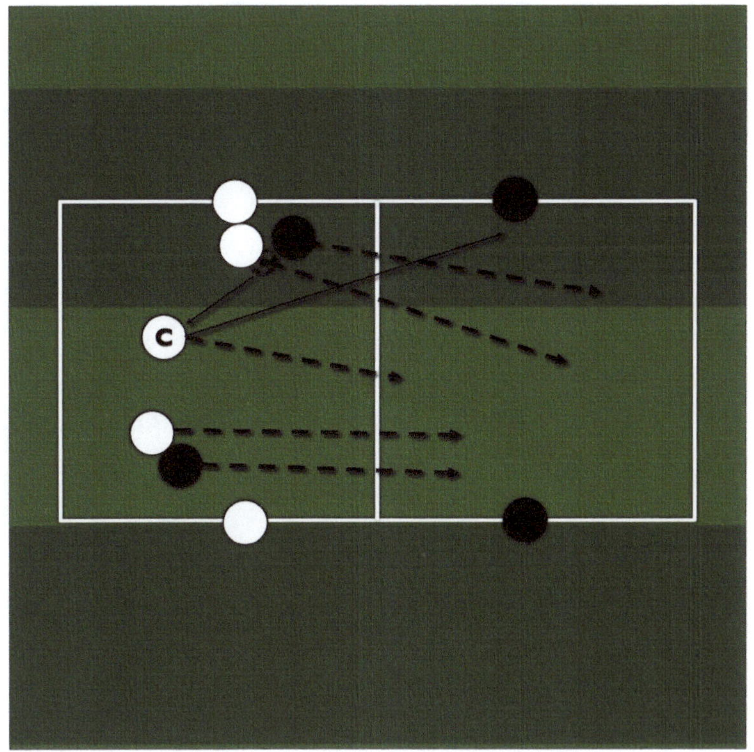

Tarea N° 24	Objetivo Principal	Mejora de las transiciones
	Jugadores	11 (5x5+P)

Explicación

Jugarán 5 contra 5 con un portero en una portería abierta (el gol es válido por los dos lados de la portería) en el interior del cuadrado. Cuando un equipo recupera el balón deberá hacer gol en la portería abierta y el equipo que perdió deberá salir del cuadrado antes de que hagan gol en la portería.

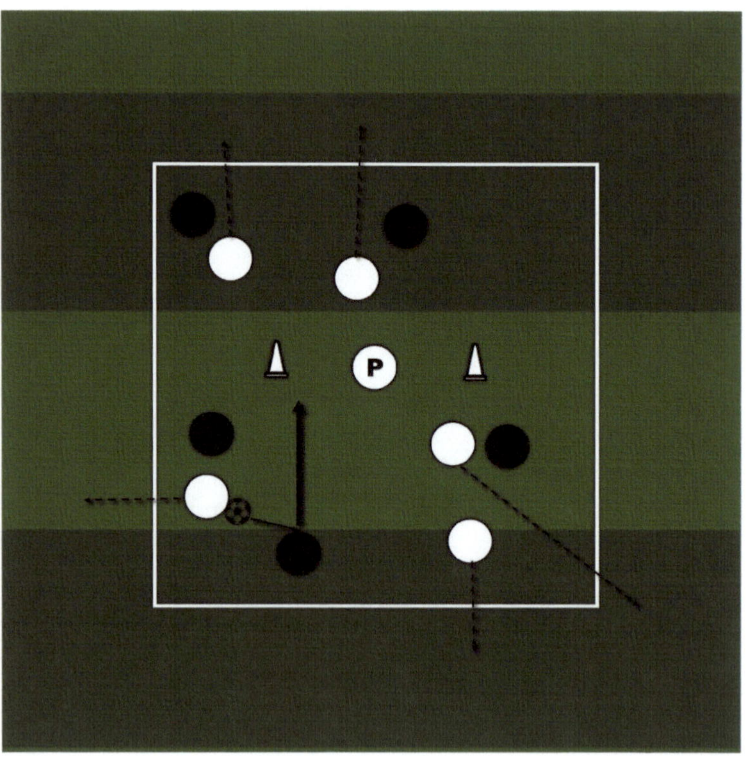

Tarea N° 25	Objetivo Principal	Mejora de las transiciones
	Jugadores	11 (5x5+P)

Explicación

Jugarán 5 contra 5 con un portero en una portería. Cuando un equipo recupera el balón, el equipo que perdió presionará rápido para recuperar el balón, que no puedan hacer gol en la portería y seguir manteniendo el balón.

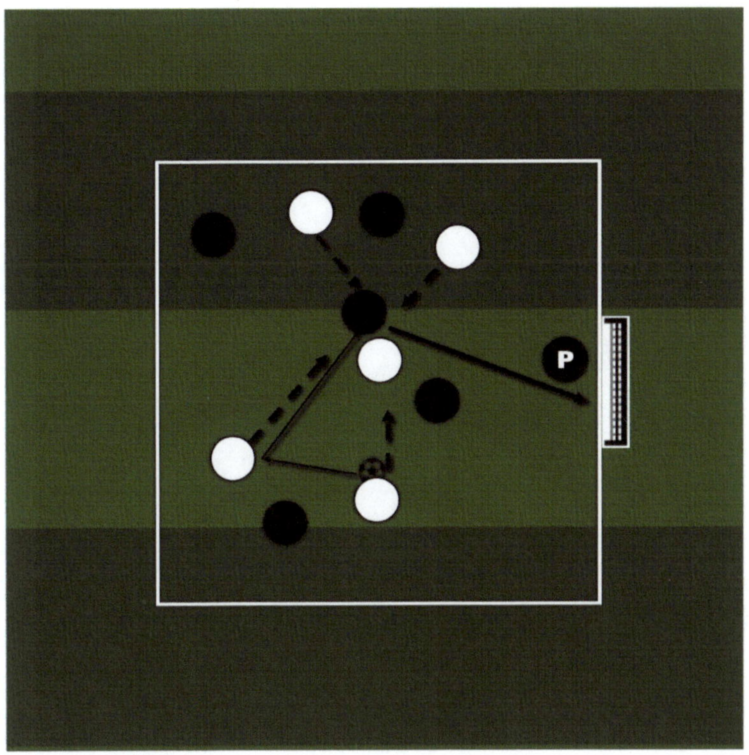

Tarea N° 26	Objetivo Principal	Mejora de las transiciones
	Jugadores	14 (4x3+2x4+P)

Explicación

Los jugadores se distribuyen como en la imagen. Juegan 4 (equipo blanco) contra 3 (equipo negro) en un cuadrado. Cuando recupera el equipo negro salen del cuadrado 2 jugadores y pasan a uno de los dos jugadores que están fuera para atacar la portería que defienden 4 jugadores blancos y el portero, que intentarán que vuelva el balón al cuadrado para seguir manteniendo la posesión. Si el equipo blanco recupera, el equipo negro presionará para poder seguir atacando y que no lleven el balón al cuadrado.

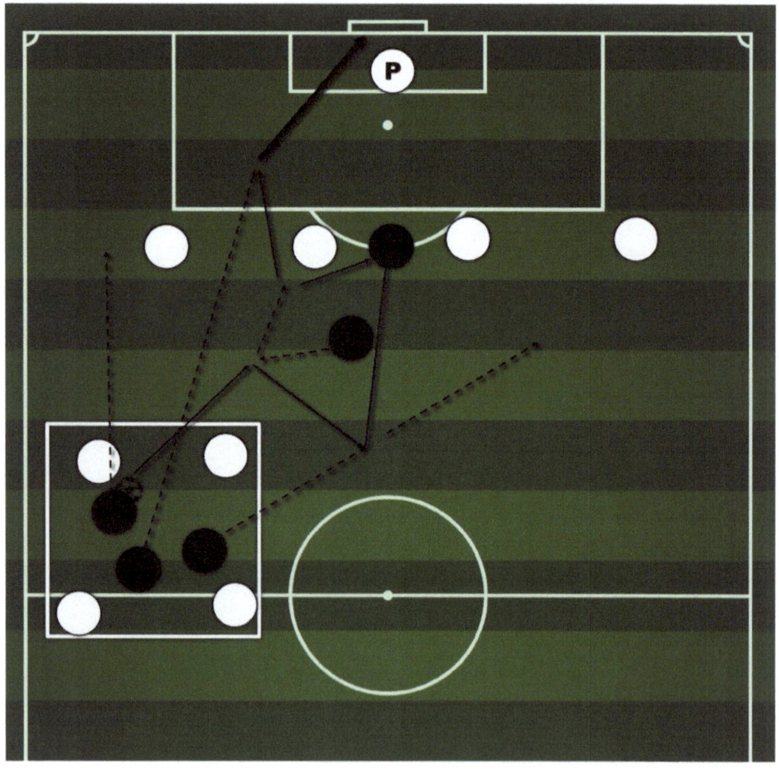

Tarea N° 27	Objetivo Principal	Mejora de las transiciones
	Jugadores	9 (4+Px+3+1)

Explicación

Los jugadores se distribuyen como en la imagen. Juegan 4 (equipo blanco) contra 3 (equipo negro) en un cuadrado. Cuando recupera el equipo negro, pasan al jugador que esta fuera y salen del cuadrado todos los jugadores (el equipo negro para atacar y el blanco para defender). El equipo blanco intentará que no jueguen con el jugador que está fuera y si lo consiguen, formará línea de 4 para defender el ataque y llevarse el balón de nuevo al cuadrado para mantener el balón en superioridad.

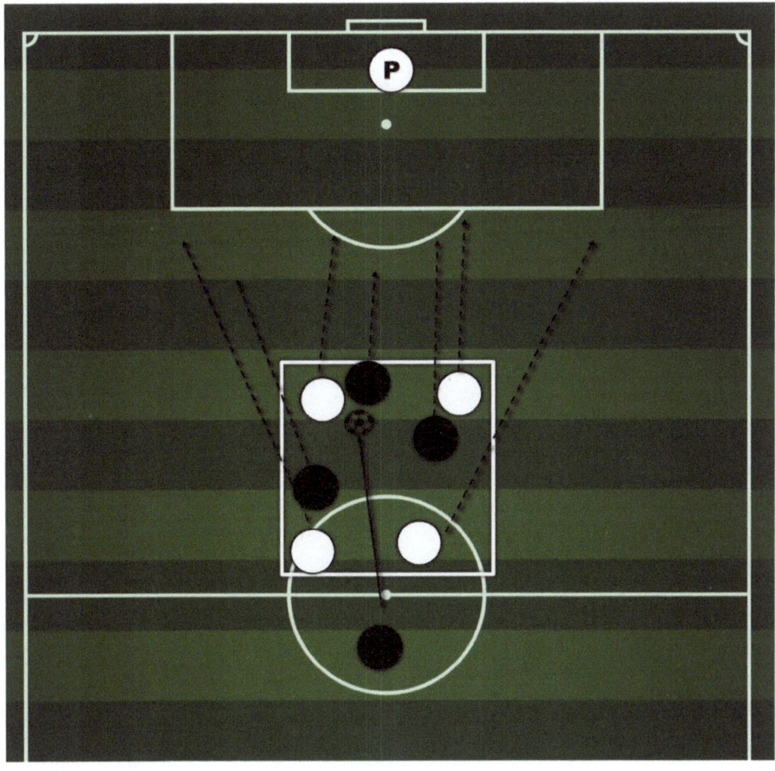

Tarea N° 28	Objetivo Principal	Mejora de las transiciones
	Jugadores	9 (1+3x3+1+P)

Explicación

Los jugadores situados como en la imagen. 3 jugadores del equipo negro tienen el balón en el rectángulo y el equipo blanco intenta robar. Cuando el equipo blanco roba juega con el compañero que está fuera, salen todos los jugadores del rectángulo (equipo blanco para atacar y equipo negro para recuperar y seguir manteniendo en el rectángulo). Cuando salen del cuadrado, el jugador del equipo negro que está fuera ira en ayuda de los 3 que salieron a defender para recuperar en igualdad e intentar llevar el balón al rectángulo de nuevo.

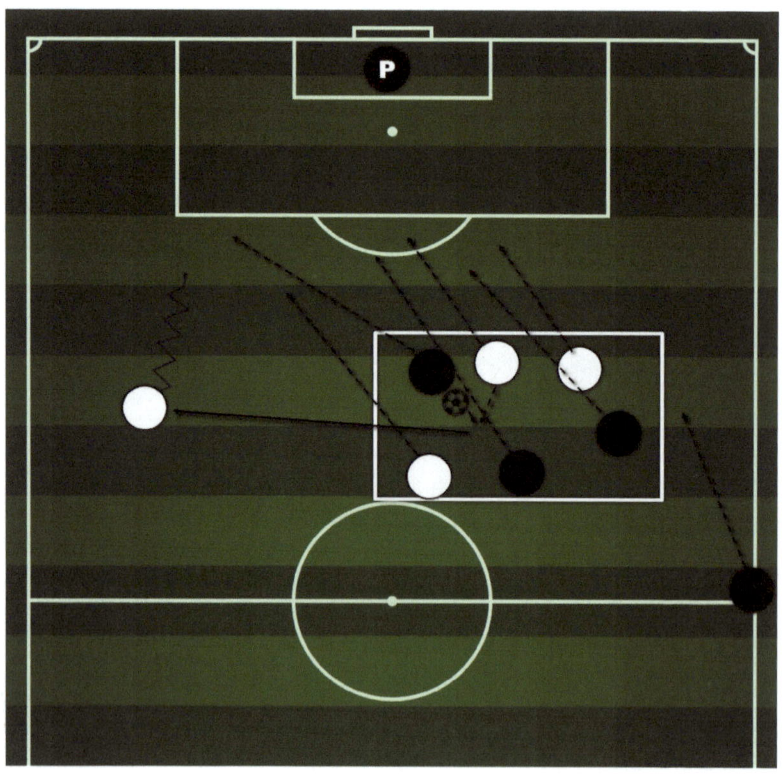

Tarea N° 29	Objetivo Principal	Mejora de las transiciones
	Jugadores	11 (4+1x4+1+P)

Explicación

En un rectángulo con un pasillo cercano a la portería, se colocan dos equipos como en la imagen. Un equipo mantendrá el balón y el otro intentará robar y pasar al jugador que está cercano a la portería para que finalice. El otro presionará para que no puedan pasar y el jugador del pasillo intentará interceptar el pase y que su equipo siga manteniendo el balón.

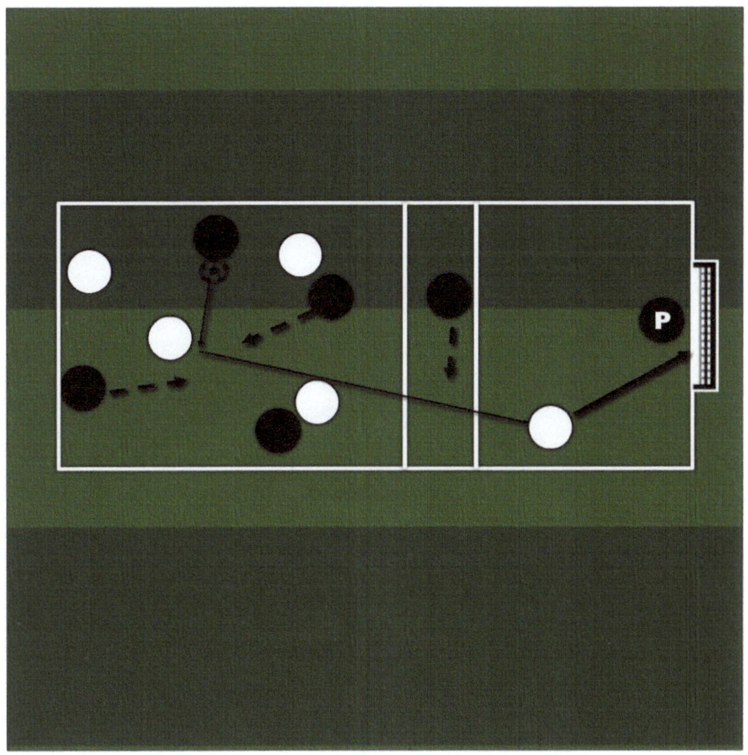

Tarea N° 30	Objetivo Principal	Mejora de las transiciones
	Jugadores	10 (P+4x4+C)

Explicación

En un rectángulo dividido en dos cuadrados, los jugadores se colocan en la disposición de la ímagen. El equipo que no tiene el balón (negro) intenta quitar el balón y pasarlo al comodín para hacer gol. El otro equipo (blanco) cuando pierde el balón presionará para recuperar rápido y que no puedan pasar al comodín. Si pasan al comodín, este no podrá tirar a portería y si los jugadores del equipo blanco entran en el cuadrado donde está el comodín antes que hagan gol, el gol no valdrá.

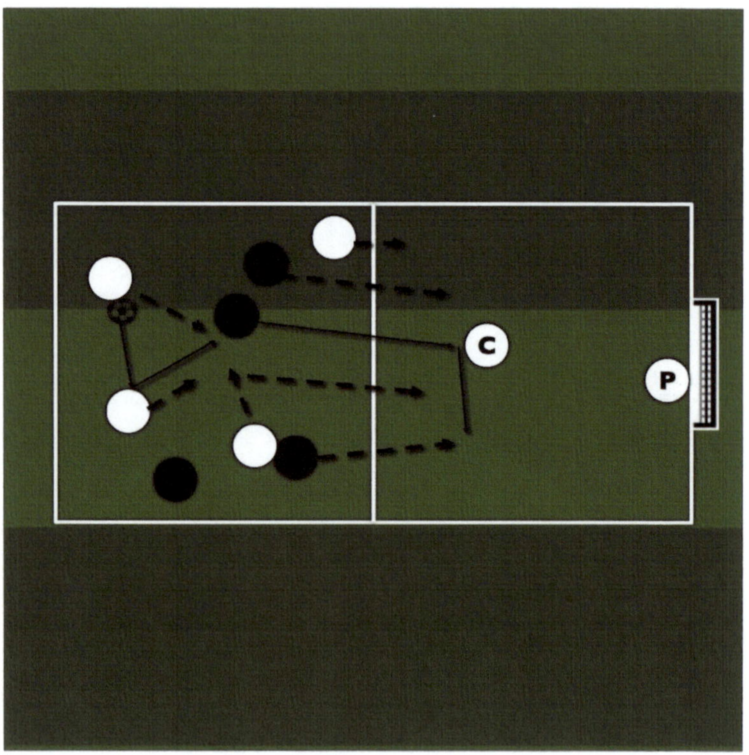

Tarea N° 31	Objetivo Principal	Mejora de la transiciones
	Jugadores	9 (4x4+P)

Explicación

En un rectángulo dividido en dos cuadrados, los jugadores se colocan en la disposición de la imagen. El equipo que no tiene el balón (negro) intenta quitar el balón, llevárselo a la otra mitad y hacer gol. El otro equipo (blanco) cuando pierde el balón presionará para recuperar rápido y que no puedan irse al otro cuadrado y tirar a la portería. Si recupera el blanco después de la pérdida seguirá manteniendo el balón en el campo donde empezó.

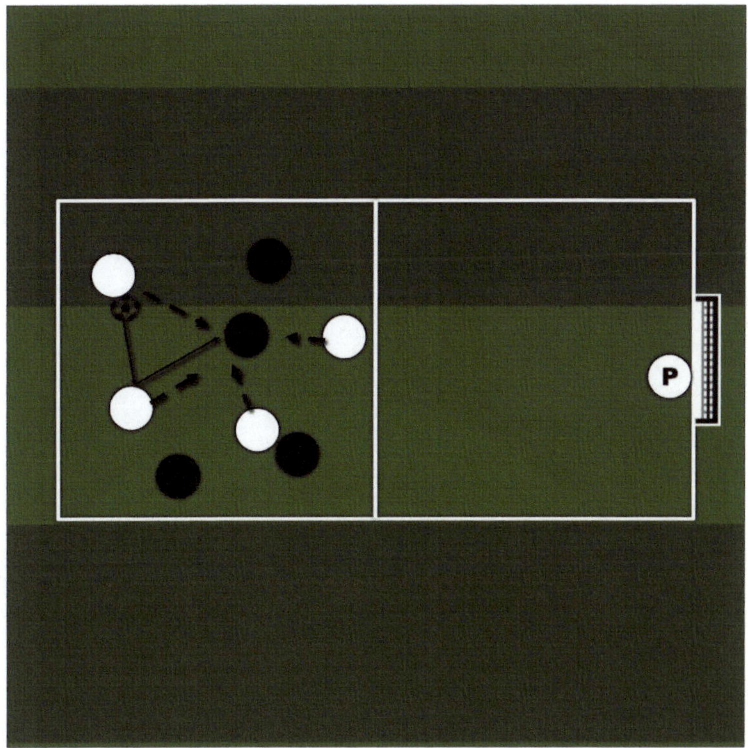

Tarea N° 32	Objetivo Principal	Mejora de las transiciones
	Jugadores	8

Explicación

Atacan dos contra uno, cuando tiran o pierden el balón sale un jugador del fondo rápido hacia la portería contraria junto con el que defendía y sólo defiende el que lanzó a portería.

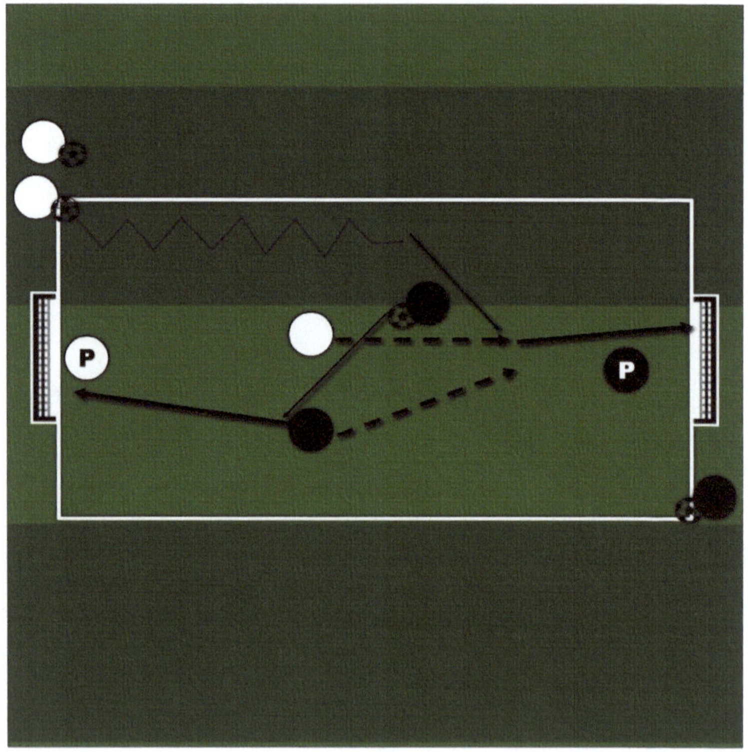

Tarea N° 33	Objetivo Principal	Mejora de las transiciones
	Jugadores	7

Explicación

Los jugadores distribuidos como en la imagen. Tendrán que atravesar de uno en uno y de lado a lado el cuadrado, pasando por el cuadrado del centro. El jugador sin balón intentará robar el balón a los que pasen por el cuadrado pequeño. Cuando lo haga, intentará salir del cuadrado y el jugador que tenía balón le presionará para que no pueda salir a tirar portería. El que perdió quedará en el cuadrado a la espera de robar a los jugadores que vayan pasando.

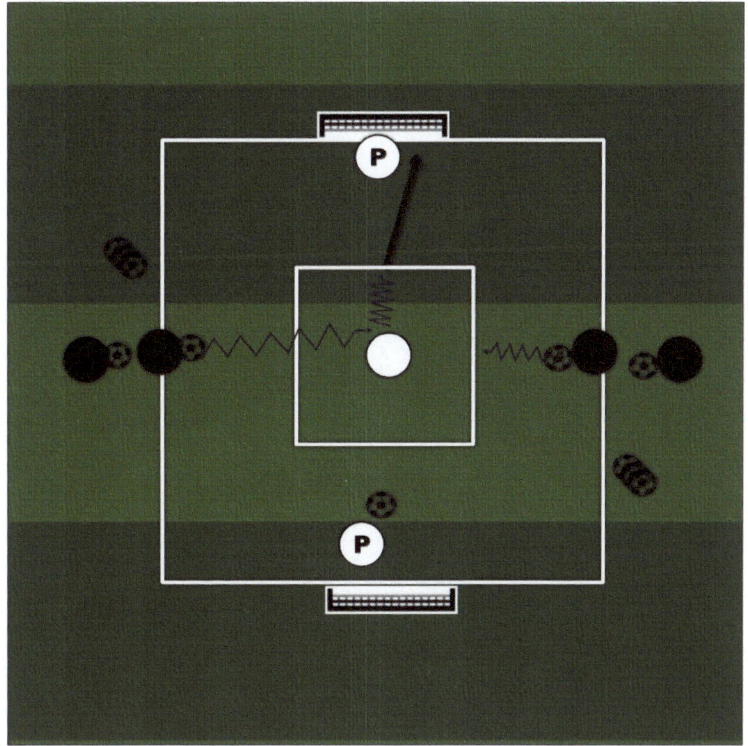

Tarea N° 34	Objetivo Principal	Mejora de las transiciones
	Jugadores	14 (P+6x6+P)

Explicación

En un rectángulo dividido en tres campos iguales, se colocarán dos jugadores de cada equipo en cada división mas los porteros. Solo pudiendo cambiar de zona los equipos cuando tienen el balón, cuando lo pierden volverán cada uno a su división. Cuando un equipo recupere, intentará atacar rápido antes que se ordene el equipo contrario.

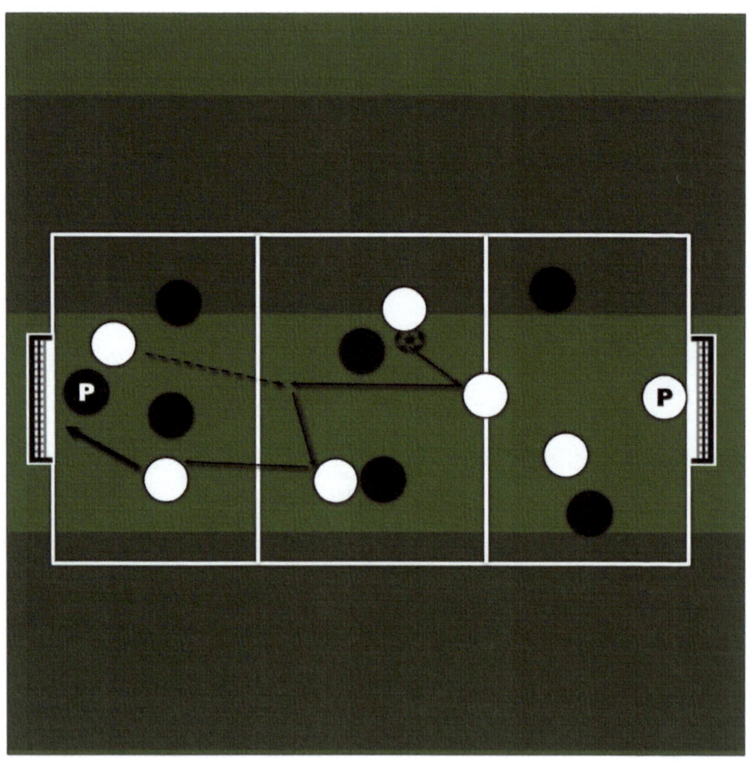

Tarea N° 35	Objetivo Principal	Mejora de las transiciones
	Jugadores	8 (2P+3x3)

Explicación

En un rectángulo dividido en tres campos iguales, se colocarán tres jugadores de cada equipo en la división del centro. Los equipos podrán hacer gol en cualquiera de las porterías siempre que los jugadores del equipo contrario no estén en la división de la portería.

Tarea N° 36	Objetivo Principal	Mejora de las transiciones
	Jugadores	8 (P+3x3+P)

Explicación

En un rectángulo dividido en tres campos iguales, se colocarán tres jugadores de cada equipo en la división del centro. Cada equipo tendrá que hacer gol en la portería rival y para que sea válido tienen que estar todos los jugadores del equipo en el campo donde está la portería rival. El equipo que pierde presionará cuando pierda para llevar el balón al campo donde está el portero rival y hacer gol con todos los jugadores en el campo.

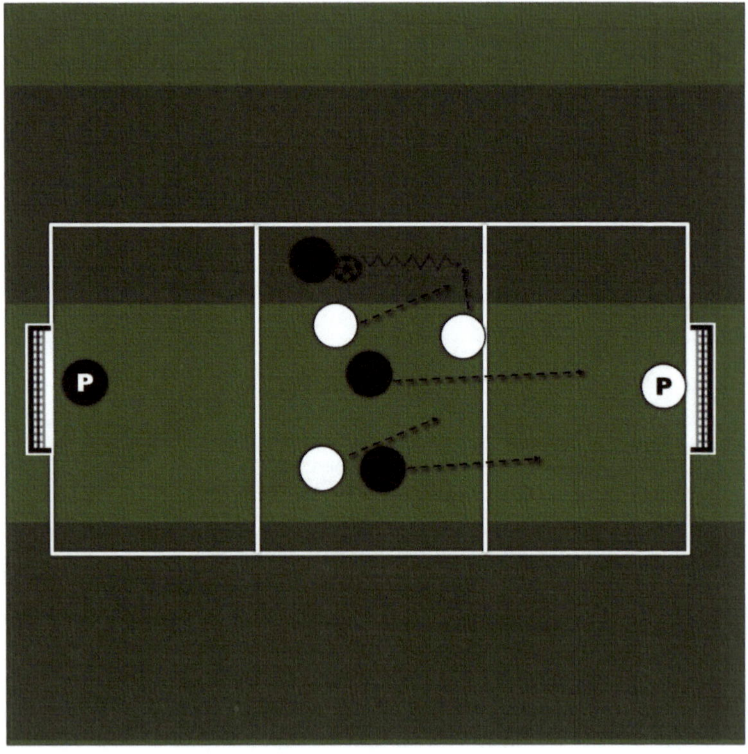

Tarea N° 37	Objetivo Principal	Mejora de las transiciones
	Jugadores	9 (P+3x3+P+C)

Explicación

En un rectángulo dividido en tres pasillos iguales, se colocarán un jugador de cada equipo en cada división mas los porteros y el comodín se moverá libremente. Solo podrán cambiar de zona los jugadores cuando tienen el balón, cuando lo pierden volverán cada uno a su división. El comodín no podrá hacer gol.

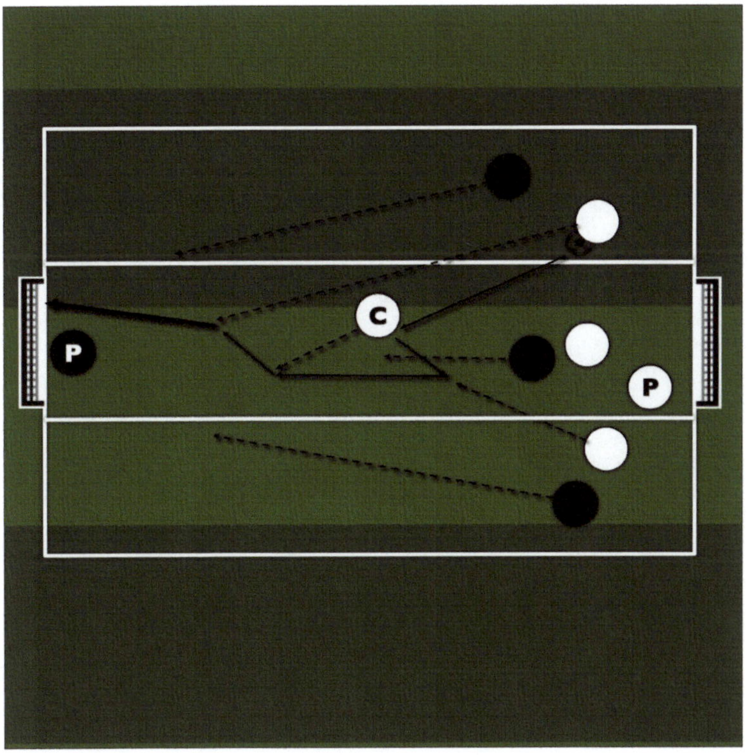

Tarea N° 38	Objetivo Principal	Mejora de las transiciones
	Jugadores	8 (P+3x3+P)

Explicación

En un rectángulo dividido en tres pasillos iguales, se colocará un jugador de cada equipo en cada pasillo mas los porteros. Los jugadores tendrán marcas individuales cuando no tienen balón. No podrán coincidir las marcas de un equipo con las del otro.

Tarea N° 39	Objetivo Principal	Mejora de las transiciones
	Jugadores	8 (P+3x3+P)

Explicación

En un rectángulo dividido en tres pasillos iguales, se colocarán un jugador de cada equipo en cada división mas los porteros. Los jugadores solo podrán salir de su división para defender. Cuando recuperan deben volver a su pasillo.

Tarea N° 40	Objetivo Principal	Mejora de las transiciones
	Jugadores	10

Explicación

Los jugadores distribuidos como en la imagen. Cada equipo, cuando recupere el balón intentará jugar con el jugador cercano a la portería contraria para que tire a portería. El equipo que pierda presionará rápido para recuperar y el jugador del pasillo intentará interceptar el pase para recuperar y que su equipo pueda hacer gol en la otra portería.

Tarea Nº 41	Objetivo Principal	Mejora de las transiciones
	Jugadores	11 (4+Px4+P+C)

Explicación

En un cuadrado dividido en dos partes con dos porterías y porteros. Los jugadores atacantes y defensores no podrán salir de su mitad. Cuando pierdan el balón intentarán recuperar rápido, si están en campo contrario para hacer gol y si están en su campo para llevarlo rápido a campo contrario.

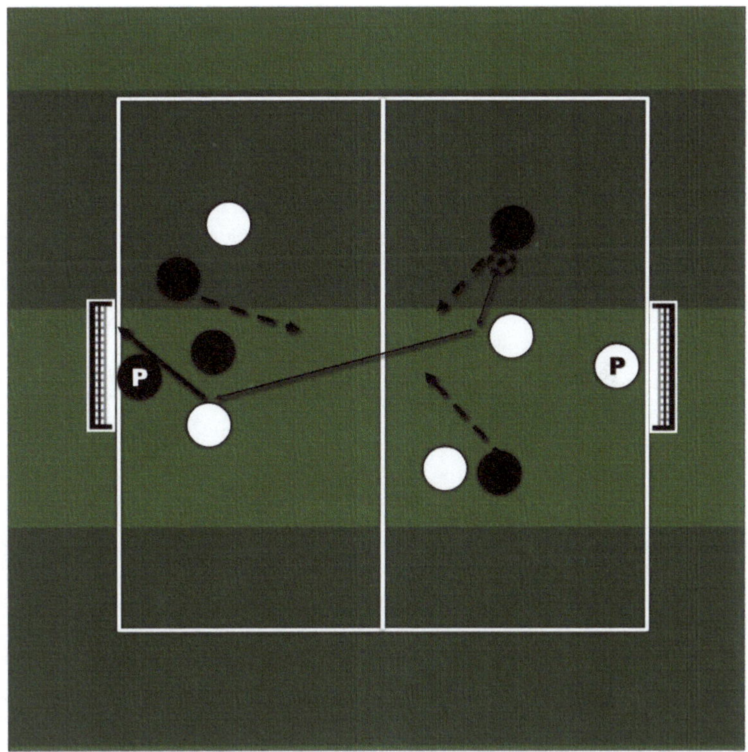

Tarea N° 42	Objetivo Principal	Mejora de las transiciones
	Jugadores	10 (4+Px4+P)

Explicación

En un rectángulo dividido en dos cuadrados, los jugadores se colocan en la disposición de la imagen. El equipo que no tiene el balón (negro) intentará quitar el balón, que no haga gol el otro equipo (blanco) y llevárselo a la otra mitad. El otro equipo (blanco) cuando pierde el balón presiona para recuperar rápido y hacer gol en la portería. El gol del equipo negro no valdrá si el blanco esta en su mitad y el del equipo blanco si el equipo negro está en la suya.

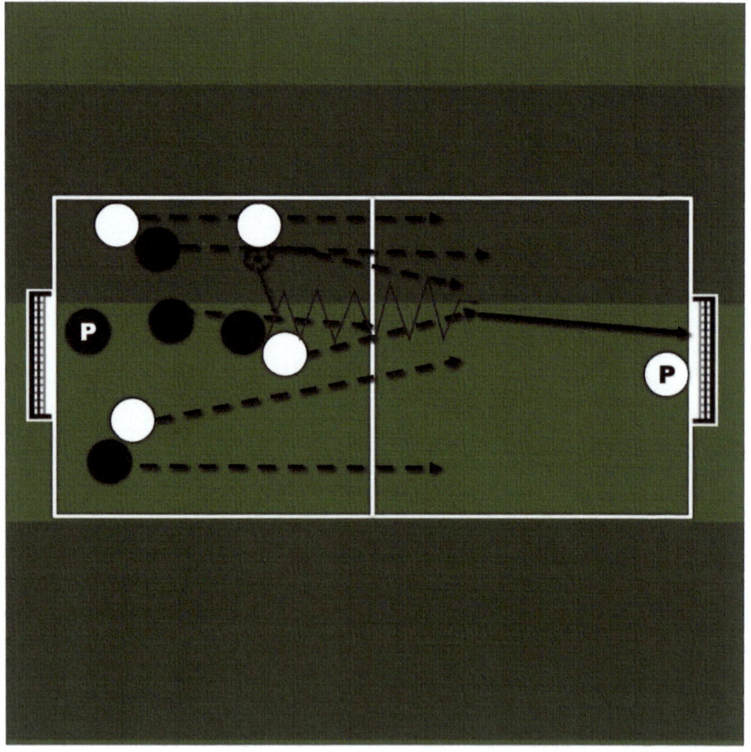

Tarea N° 43	Objetivo Principal	Mejora de las transiciones
	Jugadores	17 (5x4+P+1x4+P+1)

Explicación

En un campo (rectángulo), 5 jugadores (equipo negro) atacan a la portería que defienden 4 (equipo blanco) y un portero. Cuando recuperan, intentan pasar al compañero que estaba fuera (el equipo que tenía balón presionará para que no puedan jugar con él) y atacan sobre la portería que defienden 4 jugadores del tercer equipo y el portero, que cuando recuperan hacen lo mismo que hizo el equipo blanco , que los presionará para que no puedan jugar con el jugador que está fuera (y para seguir atacando), para atacar sobre 4 jugadores del equipo negro. Así se van sucediendo las oleadas de ataques.

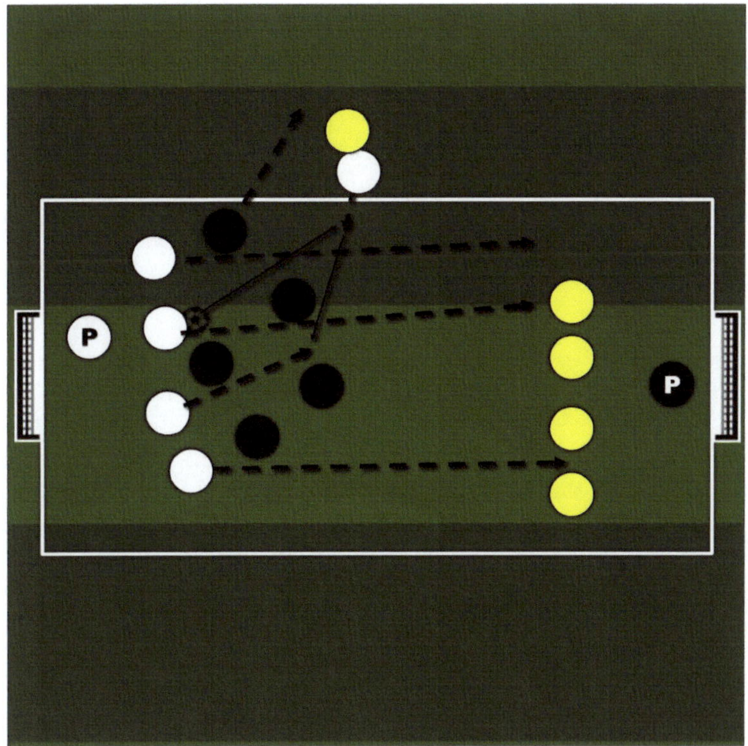

Tarea N° 44	Objetivo Principal	Mejora de las transiciones
	Jugadores	18

Explicación

Atacan 4 contra 4 hacia una portería. Cada vez que un equipo ataca, tendrá que replegar para recibir un ataque de 4 jugadores del equipo contrario. Después de un ataque, un repliegue y un ataque, entran los otros 4 compañeros que estaban esperando para hacer un repliegue, un ataque y un repliegue.

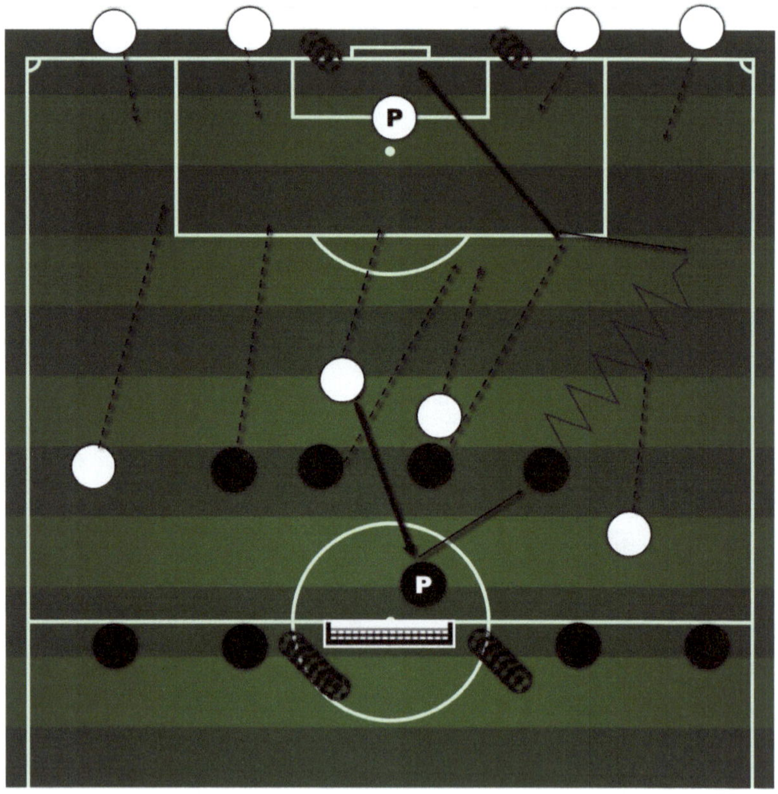

Tarea N° 45	Objetivo Principal	Mejora de las transiciones
	Jugadores	10 (4+Px4+P)

Explicación

Atacan 4 contra 4 hacia una portería. Cada vez que un equipo ataca, el jugador que tira a puerta o pierde el balón, tendrá que ir hasta uno de los conos que hay en la línea de fondo rival y replegar con su equipo para que el equipo que recuperó no haga un contrataque.

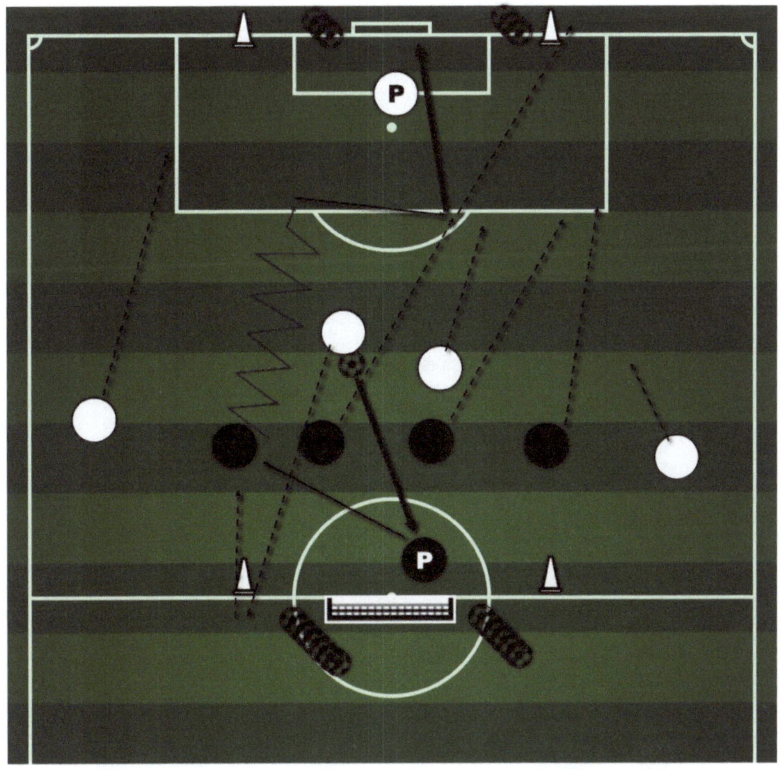

Tarea N° 46	Objetivo Principal	Mejora del las transiciones
	Jugadores	15(P+5x5+P+C)

Explicación

Lo jugadores distribuidos como en la imagen. El equipo negro cuando roba el balón juega con el comodín para atacar sobre la portería, si el equipo blanco logra robar al equipo negro podrá, junto con el comodín, atacar a la otra portería y el equipo negro presionará para recuperar y marcar.

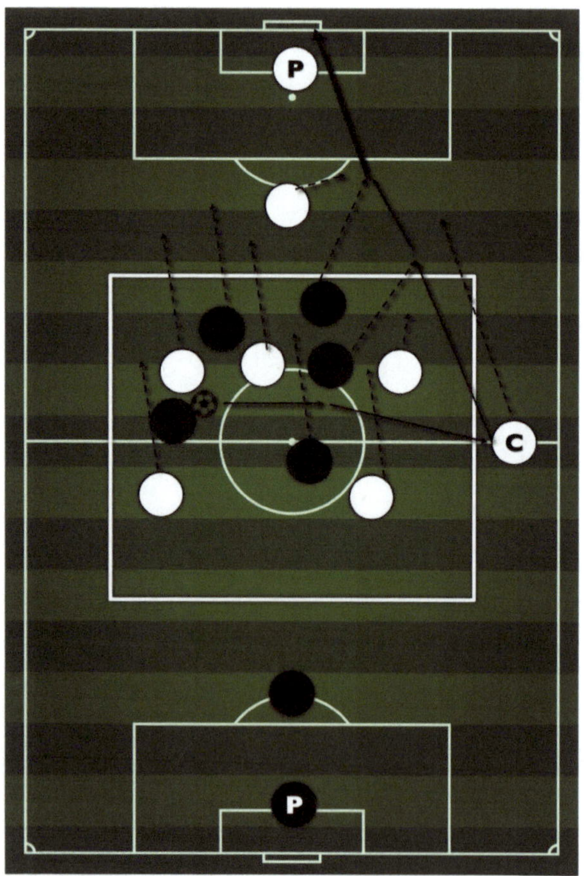

Tarea N° 47	Objetivo Principal	Mejora de las transiciones
	Jugadores	22 (10+Px10+P)

Explicación

Partido con en el que los dos equipos cuando pierdan el balón tendrán que replegar y colocar a 4 jugadores por delante del portero en los cuadrados para empezar a defender. El equipo que roba atacará rápido la portería contraria para que no le de tiempo a ordenarse al equipo contrario.

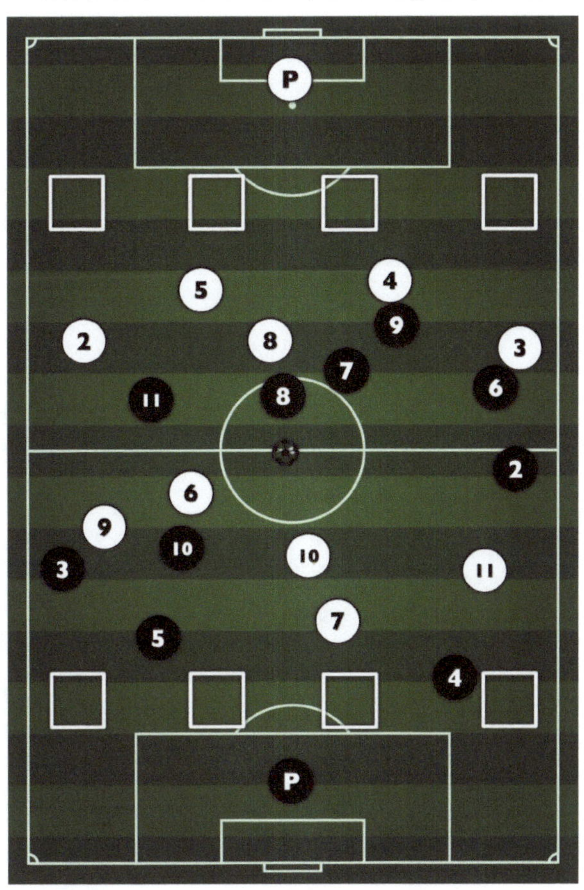

Tarea N° 48	Objetivo Principal	Mejora de las transiciones
	Jugadores	22 (10+Px10+P)

Explicación

Partido en el que los dos equipos presionarán con marcas individuales al equipo contrario por todo el campo cada vez que se produzca una pérdida de balón. Las marcas no podrán ser las mismas en un equipo que en otro. Cuando un equipo recupere intentará aprovechar para atacar rápido la portería contraria y que el rival no se ordene.

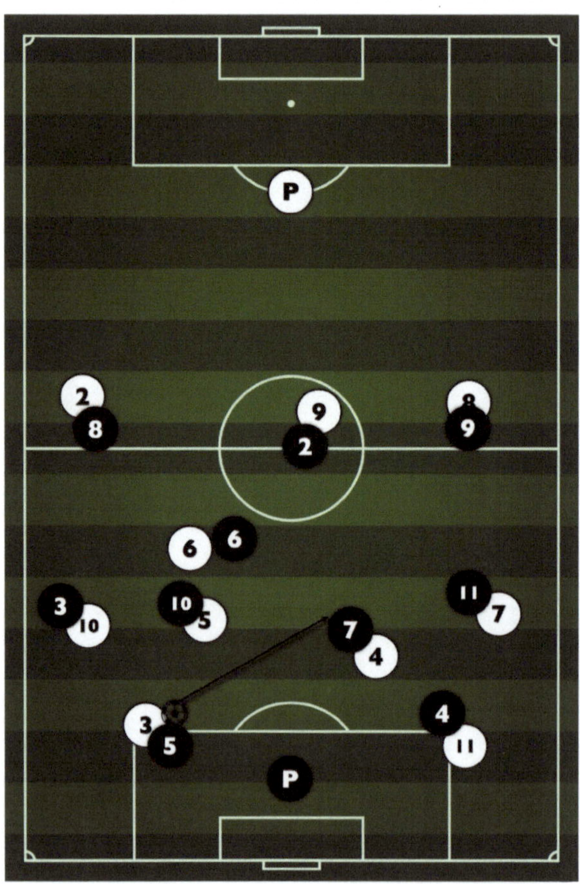

Tarea N° 49	Objetivo Principal	Mejora de las transiciones
	Jugadores	22 (10+Px10+P)

Explicación

Partido en el que los dos equipos colocarán a todos sus jugadores, menos al portero que permanecerá cada uno en su portería, en el campo en el que esté el balón para presionar y que el otro equipo pierda el balón. Si se produce un gol y el equipo no pasó completo al otro campo se anulará y si reciben un gol y no estaba todo el equipo que defendía en su campo valdrá doble el gol.

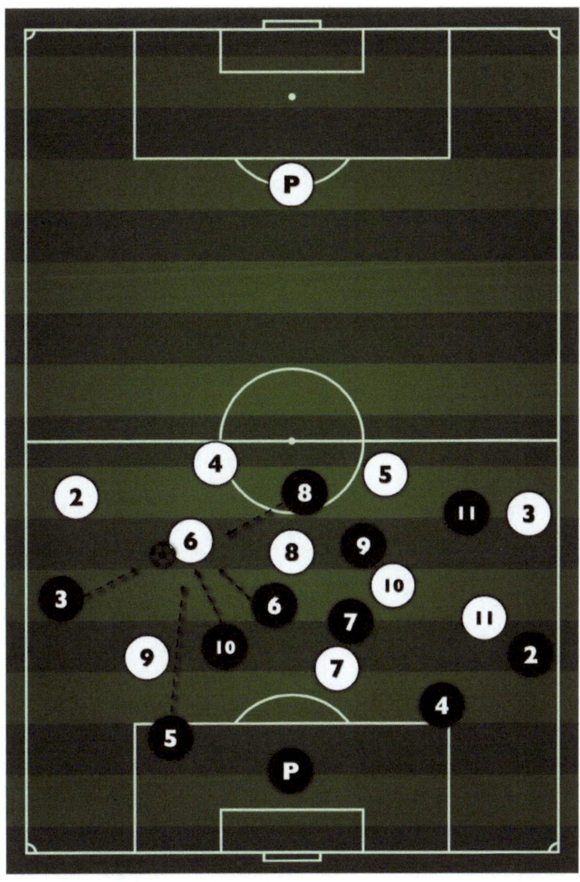

Tarea N° 50	Objetivo Principal	Mejora de las transiciones
	Jugadores	22 (10+Px10+P)

Explicación

Partido en el que los dos equipos cuando pierdan el balón replegarán por detrás de la línea trazada en la imagen. Cuando recuperen intentarán contraatacar antes que se ordene el equipo contrario.

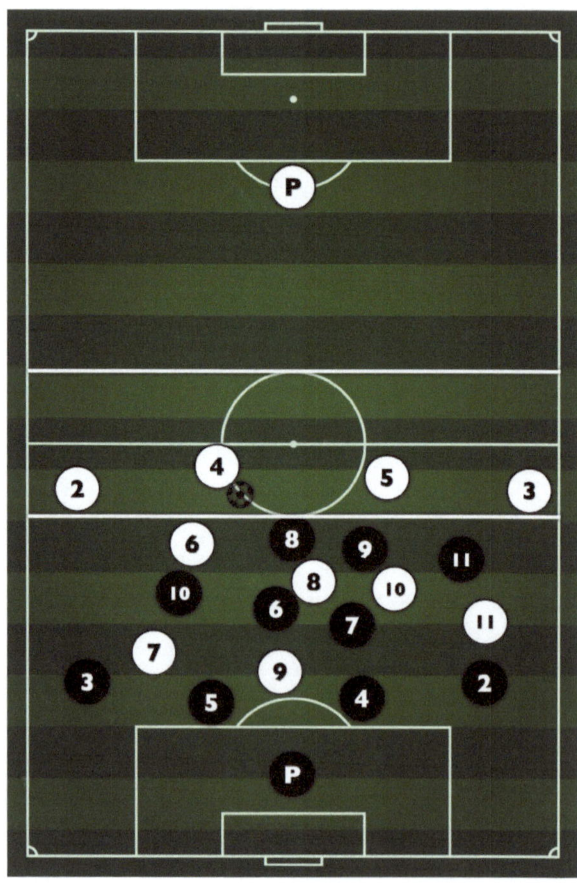

BIBLIOGRAFÍA

- Tamarit, X. (2007): *¿Qué es la periodización Táctica?* Editorial M.C. Sports.

- Castellano, J y Casamichana, D. (2016): *El arte de planificar en fútbol.* Editorial Fútbol de Libro.

- Portugal, M. A. (2018): *El entrenamiento en Fútbol. Rondos y mantenimientos.* Editorial Lisma.

- Juan Sánchez, D. (2016): *La Periodización Táctica en Fútbol Base y Aficionado: Aplicación práctica para categoría infantil, cadete, juvenil o aficionado.* Autoedición.

- Conde, M. (2000): *Contraataque.* Instituto Monsa de Ediciones.

- Couto, A. (2015): *Las grandes escuelas del Fútbol Moderno.* Editorial Fútbol de libro.

- Bangsbo, J. y Peitersen, B. (2002): *Fútbol: Jugar en defensa.* Editorial Paidotribo. Barcelona.

- Castellano, Julen y Casamichana, David (2016): *El arte de planificar en fútbol,* Editorial Futbol de libro.

- Castellano, Julen; Casamichana, David y San Román, Jaime (2015): *Los juegos reducidos en el entrenamiento del fútbol.* Editorial Futbol de libro.

- Cano Moreno, Oscar (2010): *Fútbol: Entrenamiento global basado en la interpretación del juego.* Editorial Wanceulen.

- López López, Javier (2009): *Fundamentos tácticos ofensivos.* Editorial Wanceulen.

- López López, Javier (2009): *Fundamentos tácticos defensivos.* Editorial Wanceulen.

- López López, Javier (2009): *500 juegos para el entrenamiento físico con balón.* Editorial Wanceulen.

- López López, Javier (2009): *400 tareas integradas para el entrenamiento de la táctica ofensiva.* Editorial Wanceulen.

- López López, Javier; Wanceulen Moreno, Antonio; Wanceulen Moreno, José F. y Bernal Ruiz, Javier (2009): *225 juegos para el entrenamiento integrado del pase en el fútbol.* Editorial Wanceulen.

- González, Alberto (2013): *Fútbol. Dinámica del juego desde la perspectiva de las transiciones.* Editorial Learning 11.

- Fradua, Luis (1997): *La visión periférica del futbolista.* Editorial Paidotribo.

- Mayer, R. (1996): *Fichas de fútbol. 120 juegos de ataque y defensa.* Hispano Europea. Barcelona.

- Garganta, J. y Pinto, J. en Graça, A. y Oliveira, J. (1997): *La enseñanza de los juegos Deportivos.* Editorial Paidotribo.

- Castelo, J. (1999): *Futbol. Estructura y dinámica del juego.* Editorial INDE. Barcelona.

- Caneda, R. (1999): *La zona en Fútbol.* Editorial Wanceulen. Sevilla.

- Seirul´lo, F. (1999): *Criterios modernos del entrenamiento en el fútbol.* Revista Training Fútbol. Valladolid.

- García Ocaña, Francisco (2008): *Fútbol y Fútbol sala: 250 actividades sociomotrices.* Editorial Paidotribo. Barcelona.

- López López, Javier (2013): *Fútbol: Senior (2013): 175 fichas de sesiones de entrenamiento.* Editorial Wanceulen. Sevilla.

- López López, Javier (2013): *Fútbol: Juveniles: 160 fichas de sesiones de entrenamiento.* Editorial Wanceulen. Sevilla.

- López López, Javier (2009): Fútbol: *1380 Juegos globales para el aprendizaje y perfeccionamiento de la técnica ofensiva y defensiva.* Editorial Wanceulen. Sevilla.

- López López, Javier (2008): *Fútbol: Cadetes: 160 fichas de sesiones de entrenamiento.* Editorial Wanceulen. Sevilla.

- López López, Javier (2013): *Fútbol: Infantiles: 120 fichas de sesiones de entrenamiento.* Editorial Wanceulen. Sevilla.

- López López, Javier (2008): *Fútbol: Alevines: 120 fichas de sesiones de entrenamiento.* Editorial Wanceulen. Sevilla.

- López López, Javier (2013): *Fútbol: Benjamines: 80 fichas de sesiones de entrenamiento.* Editorial Wanceulen. Sevilla.

- López López, Javier (2009): *Fútbol: Prebenjamines: 80 fichas de sesiones de entrenamiento.* Editorial Wanceulen. Sevilla.